LA CONQUISTA

PARA GENTE CON PRISA

ENRIQUE ORTIZ
TLATOANI CUAUHTÉMOC

LA CONQUISTA

PARA GENTE CON PRISA

MITOS, CURIOSIDADES Y NOCHES TRISTES

Planeta

Fotografía de solapa: © Cortesía del autor
Diseño de portada: Planeta Arte & Diseño / StudioLand
Diseño de interiores y mapas: Sandra Ferrer Alarcón
Ilustraciones de interiores y portada: StudioLand

Bajo el sello editorial PLANETA M.R.
Avenida Presidente Masarik núm. 111,
Piso 2, Polanco V Sección, Miguel Hidalgo
C.P. 11560, Ciudad de México
www.planetadelibros.com.mx

Primera edición en formato epub: agosto de 2024
ISBN: 978-607-39-1830-5

Primera edición impresa en México: agosto de 2024
ISBN: 978-607-39-1641-7

Impreso en los talleres de Litográfica Ingramex, S.A. de C.V.
Centeno núm. 162-1, colonia Granjas Esmeralda, Ciudad de México
Impreso y hecho en México – *Printed and made in Mexico*

A mis seguidores, que me leen día tras día
y que siguen mi quehacer de divulgación.

«En tanto permanezca el mundo, no acabará la fama
y gloria de Mexihco-Tenochtitlan».

Memoriales de Culhuacan

ÍNDICE

MOCTEZUMA XOCOYOTZIN

En 1502 murió uno de los gobernantes más relevantes en la historia de Mexihco-Tenochtitlan, Ahuizotl, el temible «jaguar del Anáhuac», quien expandió, como nadie antes ni después, los dominios de la Triple Alianza. Para las ceremonias funerarias asistieron los gobernantes tributarios del resto de la Triple Alianza, Tezcuco (Texcoco) y Tlacopan, así como sus enemigos. Hubo sacrificio de esclavos, enanos y algunos allegados al gobernante para que lo acompañaran en el más allá. Luego se reunió el Consejo Supremo de Tenochtitlan para deliberar, debatir y elegir al nuevo «Gran Orador».

El Tlahtoani de Tezcuco Nezahualpilli apoyó la elección de Motecuhzoma, hijo de Axayacatl, hermano de Ahuizotl, y de Xochicueyetl, princesa de Iztapalapan. Así, Moctezuma a sus 34 años, nacido alrededor de 1467, fue elegido como el «gran árbol que da cobijo a los tenochcas».

Para diferenciarlo del primer Motecuhzoma, «el flechador del cielo», su bisabuelo, se le nombró *Xocoyotzin*, que significa «el que se enoja señorialmente», «el que se pone ceñudo». El sufijo *-tzin* tiene un tono reverencial, de afecto y respeto, y también significa «pequeño»; era aplicado a ancianos, por ser portadores de la sabiduría, así como a nobles y gobernantes.

Moctezuma estudió en la Casa de la Negrura, el Calmecac de Tlillan, como todos los hijos de la nobleza tenochca, bajo la tutela de los sacerdotes mexicas y de los más destacados guerreros. Gracias a su desempeño en diversas campañas militares, en algunas ocasiones peleando en la primera línea de combate, obtuvo el gran honor de ser aceptado en la sociedad militar más prestigiosa de Tenochtitlan, la de los tonsurados o *cuauhchique*. Años después alcanzó el rango más alto dentro de la jerarquía militar mexica, solamente debajo del propio gobernante, y fue nombrado Tlacochcalcatl, «El hombre de la Casa de los Dardos». Además de ser un gran guerrero, Moctezuma tenía un intenso fervor religioso: ayunaba y visitaba los templos a diario y cumplía con el autosacrificio que le correspondía realizar como noble y guerrero de élite.

El soldado conquistador Bernal Díaz del Castillo, quien lo conoció en 1519, lo describe como «de buena estatura y bien proporcionado, y cenceño y con pocas carnes, y el color no muy moreno sino propio color y matiz de indígena, y traía los cabellos no muy largos, sino cuando le cubrían las orejas, y pocas barbas, prietas y bien puestas y ralas, y el rostro largo y alegre, y los ojos de buena manera, y mostraba en su persona, en el mirar, por un cabo amor y cuando era menester, gravedad». El conquistador Francisco de Aguilar lo describió así: «Era aquel rey y señor de mediana estatura, delicado en el cuerpo, la cabeza grande y las narices algo retornadas, crespo, astuto, sagaz y prudente, sabio, experto, áspero en el hablar y muy determinado».

En Tenochtitlan era vital que el nuevo gobernante demostrara su conocimiento en el arte de la guerra pocos días después de su nombramiento, dirigiendo a los ejércitos tenochcas contra un señorío enemigo, venciendo y obteniendo una importante cosecha de enemigos prisioneros, para sacrificarlos en la ceremonia de entronización que confirmaría su dominio.

Lo más probable era que hiciera su campaña contra alguno de los añejos enemigos de los mexicas con los que realizaban las famosas «guerras floridas» o *xochiyaoyotl*: Atlixco.[1] Allá triunfó Moctezuma y trajo consigo una importante cantidad de enemigos, quienes fueron atados con cuerdas y escoltados hasta la capital mexica para su sacrificio en la ceremonia que lo entronizó, finalmente, como Huey Tlahtoani mexica.

Moctezuma vivía en el gigantesco palacio que mandó construir, las Casas Nuevas de Motecuhzoma, ubicadas al este de la gran plaza de Tenochtitlan, justo donde ahora se encuentra Palacio Nacional. Un gigantesco complejo

[1] El historiador belga Michel Graulich se inclina por esta opción.

palaciego descrito como una ciudad dentro de otra: había almacenes para armas y granos, salas para la impartición de justicia, templos, estancias para consejos de gobierno, otras para visitantes, talleres artesanales, un aviario, un recinto con hombres y mujeres deformes, otro con prisioneros, agua propia, pisos y paredes con recubrimientos de mármol, travertino y jaspe, y su propio embarcadero.

A través de las crónicas de los conquistadores, se conocen varios detalles de su vida cotidiana: nadie podía mirarlo a los ojos ni darle la espalda; su pasatiempo favorito era la caza. Moctezuma era sumamente limpio y pulcro: se bañaba al menos dos veces por día, en la mañana y en la tarde, cuando terminaba sus actividades. Podía llegar a usar cuatro mudas de ropa en un solo día. Cuando había un evento especial, vestía de azul turquesa, y nunca se volvía a poner nada dos veces. Lo mismo sucedía con la vajilla colorada proveniente de Cholula, reservada para los grandes banquetes diarios de los que habla Bernal Díaz del Castillo:

> **Le tenían sus cocineros sobre treinta maneras de guisados, hechos a su manera y usanza y teníanlos puestos en braseros de barro chicos debajo, porque no se enfriasen, y de aquello que el gran Montezuma había de comer guisaban más de trescientos platos.**

Comía antes que nadie, sentado en una mesa baja, labrada y dorada, cubierta con manteles. Para que nadie lo viera comer, se colocaba una especie de biombo dorado alrededor; cuatro hermosas mujeres le daban agua para que pudiera limpiar sus manos y lienzos de algodón para secarlas; también le traían los cestos de tortillas calientes y recogían los platos vacíos. Otras ocasiones, Moctezuma se hacía acompañar «de cuatro grandes señores viejos y de edad», con quienes conversaba de vez en cuando. En el gran salón, donde se llevaba a cabo la comida, los presentes debían permanecer en silencio; entretanto la servidumbre se encargaba de alimentar el fuego de los braseros con leña que no produjera humo.

De acuerdo con Bernal Díaz, al gobernante mexica le guisaban «gallinas, gallos de papada, faisanes, perdices de la tierra, codornices, patos mansos, venado, puerco de la tierra, pajaritos de caña y palomas, liebres y conejos, y muchas maneras de aves y cosas que se crían». También comía tamales salados y dulces, atoles y pinoles, pipianes hechos con distintas proteínas como pavo o ajolotes, caldos de acociles, y muchas preparaciones más, todas acompañadas de tortillas calientes. En ocasiones podía acompañar la comida con algo de música o con un espectáculo de enanos y corcovados que bailaban y hacían bufonadas, a quienes les podía regalar jícaras de chocolate o comida en agradecimiento.

A pesar de la gran oferta gastronómica, Moctezuma comía poco. Al terminar le servían el agua amarga o *xocolatl*, espumoso, perfumado con vainilla y aderezado con chile o achiote. El gobernante disfrutaba de tomarlo al mismo tiempo que fumaba un carrizo lleno de tabaco y liquidámbar, por lo que en ocasiones podía quedarse dormido después de su comida.

El primer gran reto que tuvo que afrontar fue la hambruna que azotó la cuenca de México al inicio de su reinado, se intensificó en 1505 y continuó hasta 1506. Moctezuma abrió los almacenes del *Tlahtocayotl* (gobierno central) para alimentar a su pueblo; el maíz se agotó pronto por lo que hizo traer más desde el «siempre verde» Totonacapan, en la costa del actual estado de Veracruz. Intensificó los sacrificios humanos durante estos años complicados, con el propósito de obtener de Tlaloc lluvias abundantes y benéficas, así como buenas cosechas en el caso de las deidades Centeotl y Chicomecoatl.

Los años Uno Conejo (como 1506) eran de mal agüero para los mexicas: traían consigo desastres naturales, bajas temperaturas y falta de lluvias. En el anterior año Uno Conejo, en 1454, también había ocurrido una hambruna a la que Motecuhzoma Ilhuicamina combatió sacrificando una gran cantidad de niños como una petición de lluvias y buenas cosechas a sus dioses. En el Códice Telleriano-Remensis se puede ver cómo ese año plagas de ratas invadieron las tierras de cultivo, por lo que la gente las persiguió y espantó con antorchas y fuego. Cientos de años después, cuarenta y dos osamentas de infantes fueron encontradas como parte de la ofrenda 48 del Templo Mayor.

Para la mala suerte de Moctezuma Xocoyotzin, la celebración del Fuego Nuevo que se realizaba cada 52 años en el actual Cerro de la Estrella en Iztapalapa, desde su salida de la mítica Aztlan, cayó en un año Uno Conejo, en 1506. Por tal motivo, decidió celebrar hasta 1507 para ahuyentar cualquier pronóstico funesto o poco alentador. Esa ceremonia fue la última antes de la llegada de los hispanos, la destrucción de la ciudad y el surgimiento de un nuevo mundo. Testigo de este cambio es la escultura que lleva por nombre «Teocalli de la Guerra Sagrada Mexica», ubicada en el Museo Nacional de Antropología.

Aunque heredó un gran imperio, Moctezuma también sufrió las rebeliones internas constantes debido a que su tío era un fiero gobernante. Algunos de los más aguerridos y poderosos eran las cabeceras de Tlaxcallan, los señoríos de Atlixco y Huexotzinco, el señorío independiente de Metztitlan, ubicado en el territorio del actual estado de Hidalgo, donde se aprovechaba la orografía de la región para detener a los ejércitos invasores, mientras que los valerosos yopes seminómadas dominaban un extenso territorio que iba desde la Costa Chica hasta el actual Tlapa de Comonfort, en el territorio del actual estado de Guerrero, quienes resistían y se aferraban desesperadamente a su independencia a pesar de los intentos de la Triple Alianza por conquistarlos. Más allá, estaba el estado purépecha, odiados enemigos de los mexicas, quienes habían propinado una dolorosa derrota a los ejércitos de la Triple Alianza comandados por el padre de Motecuhzoma, Axayacatl, en la campaña de 1477-1478.

Ante este panorama, Moctezuma sabiamente supo que era más importante consolidar las conquistas de Ahuizotl que continuar con la expansión. Por ello ahogó con sangre y fuego las rebeliones que se estaban propagando en las provincias tras la muerte de su predecesor, y fortaleció la presencia mexica en los señoríos que recientemente habían sido subyugados. La mayoría de sus campañas militares las dirigió contra la región de Oaxaca y el actual valle Puebla-Tlaxcala, donde desde tiempos de Moctezuma I se desarrollaban las guerras floridas.

• Las guerras floridas •

Batallas pactadas con los señoríos del valle Puebla-Tlaxcala, como Tlaxcallan, Atlixco y Huexotzinco, que tenían por objetivo la captura de guerreros enemigos para ser sacrificados y así alimentar a los dioses, como también para mantener a las élites militares ocupadas disipando ideas de rebelión o de pereza en tiempos de paz. Estas guerras generaron terribles odios.

En una guerra florida contra el territorio tlaxcalteca, Moctezuma perdió a su hermano mayor, Macuilmalinalli, «cinco hierba». Ese odio provocó que el pacto se rompiera, pasando de batallas rituales pactadas a una guerra de conquista y subyugación. A pesar de los esfuerzos de la Triple Alianza por reducir el cerco al que estaban sometidos estos señoríos enemigos, los resultados fueron mediocres, por no decir decepcionantes; incluso llegaron a sufrir importantes derrotas con importantes bajas. La campaña más desastrosa fue la de 1515, en la cual los grupos otomíes asentados alrededor de las cabeceras tlaxcaltecas demostraron su fiereza, valentía y valía en el campo de combate, destacando entre ellos Tlahuicole, quien cobró gran fama al sobrevivir al sacrificio gladiatorio derrotando a varios guerreros de élite mexica a pesar de estar en franca desventaja.

Los odios y deseos de venganza que fueron acrecentándose entre los tlaxcaltecas, huexotzincas y atlixcas serían aprovechados por los hispanos encabezados por Hernán Cortés a partir de la segunda mitad de 1519, ya que encontraron tierra fértil en alianzas y amistades para llevar a cabo sus conquistas.

Por otro lado, los resultados fueron mejores en las campañas realizadas en el actual territorio de Oaxaca. En 1503 se concretó la primera campaña en este flanco del Imperio, con el propósito de sofocar la rebelión de los señoríos mixtecos de Xaltepec y Achiotlan. El ataque fue dirigido por el propio Huey Tlahtoani y se logró una clara victoria contra los rebeldes mixtecos. Sus templos principales fueron incendiados; sus guerreros, hechos prisioneros, mientras que los ancianos fueron asesinados con el propósito de evitar que siguieran difundiendo ideas subversivas de libertad e independencia entre las nuevas generaciones. La marcha bélica continuó hacia el sur: derrotaron Tzinacantlan (en el actual estado de Chiapas), con lo cual reforzaron su presencia y poder en la región de Soconusco y Huitztlan (cerca de la frontera con Guatemala).

El gobierno de Moctezuma (1502-1520) coincide con el mayor apogeo del arte mexica; él mandó construir la séptima etapa del Huey Teocalli, o Templo Mayor, con la cual el monumental templo alcanzó los 45 m de altura hasta su plataforma superior; así como el Coateocalli, una construcción al norte del recinto ceremonial, en el que se almacenaron las esculturas de los dioses patronales de los señoríos subyugados. De su periodo como regente data la escultura monumental más famosa de esta civilización, y posiblemente de todo el mundo prehispánico: la Piedra del Sol, mide 4 m de diámetro y pesa 24 toneladas; fue tallada en un bloque de basalto olivino extraído del pedregal de San Ángel. Se trata de un *temalacatl* o *cuauhxicalli*, ambos asociados con el sacrificio gladiatorio o de rayamiento, el cual nunca fue terminado. El magnífico disco solar, que por siglos fue llamado erróneamente Calendario Azteca, reproduce en sus relieves a la deidad solar Tonatiuh resplandeciendo con sus brillantes rayos luminosos, así como parte de la cosmología mexica y el mito de los cinco soles.

LOS PRESAGIOS FUNESTOS

Diez años antes de la llegada de Hernán Cortés, entre 1509 y 1510, comenzaron a presentarse extraños fenómenos en Mexihco-Tenochtitlan. De acuerdo con fray Bernardino de Sahagún, quien los registró en el Códice Florentino, fueron ocho los presagios que advirtieron el fin del pueblo mexica.

Primer presagio

Durante más de un año, todas las medianoches, sin falta, una columna de fuego muy grande, «ancha de la parte de abajo y arriba aguda, como cuando el fuego arde», aparecía sobre el lago de Texcoco y desaparecía al amanecer. De la columna surgía un gran resplandor que iluminaba las aguas y se lograba ver, para la sorpresa y el terror de los mexicas, desde cualquier rincón de la cuenca.

¿Acaso se trataba de la manifestación de Xiuhtecuhtli, señor del fuego y del centro del universo? Los sacerdotes y adivinos tenochcas la interpretaron como la señal de que un gran mal caería sobre el pueblo del dios Mexi.

Segundo presagio

Sin ninguna explicación, en medio de la noche, el templo dedicado a Huitzilopochtli se incendió quemándose hasta los cimientos. Los informantes de Sahagún le dijeron que aquella noche los sacerdotes comenzaron a pedir ayuda para sofocar el fuego y relataron lo que sucedió después: «"¡Oh, mexicanos, venid presto a apagar el fuego con cántaros de agua!", y venida el agua echábanla sobre el fuego y no se apagaba sino antes más se encendía, y así todo se hizo una brasa».

Moctezuma ordenó la inmediata reconstrucción del templo para evitar que la deidad se enfureciera.

Tercer presagio

Una noche sin lluvia, sobre el techo de paja del templo dedicado a Xiuhtecuhtli, «Señor de las turquesas o del atado de hierba», deidad vinculada al *axis mundi* («eje del mundo»), al fuego y a la medición del tiempo, cayó un rayo e incendió la construcción. Los testigos trataron de apagar las llamas; el adoratorio se consumió.

Cuarto presagio

Con el sol en su cenit, súbitamente apareció en el cielo de la cuenca de México un cometa o *citlalpopoca* en náhuatl («estrella humeante»). Los informantes de Sahagún dijeron: «parecían tres estrellas juntas que corrían a la par muy encendidas y llevaban muy grandes colas: partieron del occidente, y corrieron hacia el oriente; iban echando centellas de sí: de que la gente las vio comenzaron a dar grita, y sonó grandísimo ruido en toda la comarca».

Los cometas estaban asociados a las hambrunas, sequías, derrotas militares y a la muerte del gobernante.

Quinto presagio

Un día sin viento, las aguas de la laguna comenzaron a burbujear, hirvieron y se levantaron grandes olas que se estrellaron contra las chinampas, tirando a los tripulantes y espantando a las aves. Fue tanta la fuerza del agua que se inundó parcialmente Tenochtitlan; los cimentos de algunas casas cedieron, se derrumbaron, y los tenochcas corrieron espantados hacia el interior de la ciudad. Tras unos momentos, las aguas se tranquilizaron, como si nada hubiera pasado.

Sexto presagio

Durante las noches, comenzó a escucharse el grito de una mujer: «¡Oh, hijos míos, ya nos perdimos! ¡Oh, hijos míos, a dónde os llevaré!». Los tenochcas adjudicaron estos lamentos a la diosa Cihuacoatl, «la mujer serpiente», protectora de aquellas que morían durante el parto. Este presagio está relacionado con la llegada de los hombres barbados del hogar de los dioses, donde el cielo toca las aguas infinitas del gran océano.

Esta aparición siguió ocurriendo en la joven Ciudad de México durante el siglo XVI, pero ahora los testigos fueron los propios conquistadores y sus hijos.

Séptimo presagio

Este presagio fue particularmente impactante para Moctezuma, pues llevaron ante su presencia a un ave parda, del tamaño de una grulla, desde Texcoco. El ave lucía en medio de la cabeza un espejo redondo de obsidiana. Moctezuma observó el espejo, vio su propia imagen y luego apareció un cielo estrellado; desconcertado, se alejó por un momento y luego volvió a mirar: una muchedumbre armada montaba grandes criaturas similares a venados sin cornamenta y se dirigían a Tenochtitlan provenientes de oriente. Luego mandó llamar a los agoreros más famosos; cuando llegaron, el ave desapareció frente al propio Huey Tlahtoani.

Octavo presagio

Aparecieron gran cantidad de monstruos, personas jorobadas, con dos cabezas, y otros problemas físicos, que de inmediato eran llevados ante Moctezuma. Frente al gobernante, entonces, desaparecían.

Otras señales

Hubo hambrunas, terremotos y un eclipse total de Sol (1 de noviembre de 1510, registrado en el Códice Telleriano-Remensis).

Para 1517 y 1518, comenzaron a llegar reportes de grandes casas flotantes que se avistaban en las grandes aguas, en las tierras de los mayas y en la costa del actual golfo de México, las cuales iban tripuladas por personas barbadas. Eso sin mencionar que en 1511 llegaron a la península de Yucatán varios náufragos, algunos de los cuales fueron sacrificados, mientras que un par de ellos logró sobrevivir a este fatídico destino para vivir entre los mayas.

Hasta el día de hoy, todavía existe en la Ciudad de México un relieve que recuerda estos presagios funestos. Se ubica en la barda atrial del Templo de San Hipólito y Casiano localizado en el cruce de avenida Hidalgo y paseo de la Reforma, lugar donde los días 28 de cada mes se celebra al santo de las causas perdidas, san Judas Tadeo.

El relieve, conocido como «El sueño del labrador» o «El sueño de Motecuhzoma» fue hecho a mediados del siglo XVIII por el célebre arquitecto novohispano José Damián Ortiz de Castro. En sus detalles se observa a un indígena ataviado con plumas y portando un *copilli*, tocado sobre la cabeza, que solamente nobles y gobernantes usaban. Detrás del hombre se aprecia una gigantesca águila que lo sostiene con sus garras, mientras que una antorcha quema una de sus piernas.

Esa imagen alude a la «Leyenda del labrador» descrita por Diego Durán, en la cual un labrador de milpa de Coatepec fue atrapado por un águila de gran tamaño y elevado por los aires hasta llevarlo a una cueva en la cima de un monte. Al entrar, se encontró con Moctezuma sentado, «como dormido, casi fuera de su sentido». Una voz cavernosa de una entidad impalpable le dijo: «Mira ese miserable de Motecuhzoma cuál está sin sentido, embriagado con su soberbia e hinchazón, que a todo el mundo no tiene en nada...»; luego, le ordenó que tomara una antorcha y la acercara a la pierna del gobernante, quien no se inmutó ni expresó dolor cuando la antorcha quemó su piel. La voz afirmó que no sentía dolor porque estaba embriagado con su soberbia, ignorando los consejos de los sabios y de los ancianos de su ciudad. Entonces, la voz le ordenó al labrador que, cuando despertara, se dirigiera al palacio a advertirle al gobernante que su actitud había hecho enojar a los dioses, y que él mismo se había buscado el mal que sobre él habría de caer, su muerte y la destrucción de su imperio. El labrador obedeció; el Huey Tlahtoani lo escuchó atentamente. Al finalizar, Moctezuma revisó su pierna: tenía una quemadura en el mismo lugar que en el sueño. Moctezuma mandó encarcelar al ladrador y dio orden de que nadie lo alimentara hasta que muriera de hambre.

Existe un gran debate en torno a si estos presagios realmente ocurrieron o se inventaron tras la caída de Tenochtitlan con el fin de justificar la derrota mexica y hacer ver a Moctezuma como un cobarde y supersticioso, sin poder de decisión por el miedo que sentía.

PRIMERAS EXPEDICIONES

El complejo proceso de la Conquista en México se remonta al primer encuentro entre europeos y tierras americanas el 12 de octubre de 1492, cuando las tres carabelas dirigidas por Cristóbal Colón alcanzaron las Bahamas, específicamente la isla de Guanahaní, rebautizada como San Salvador.

El primer asentamiento español fue en la isla La Española: el Fuerte de la Navidad se fundó el 25 de diciembre del mismo año. A partir de ahí la presencia europea fue expandiéndose poco a poco por el Caribe, Centroamérica y las costas de Colombia y Venezuela, mediante la navegación y guerras con nativos.

En 1511 inicia la conquista de la isla Fernandina (Cuba); autorizada por el hijo del genovés descubridor del nuevo continente, y ahora gobernador: Diego Colón. Diego Velázquez de Cuéllar estuvo al mando de las acciones militares; entre su tropa de 300 estuvieron muchos de los protagonistas de la campaña en México: Pedro de Alvarado, Hernández Portocarrero, Bernal Díaz del Castillo, Cristóbal de Olid y Andrés de Duero. Pero hubo uno que se destacó en la guerra contra los taínos y el cacique Hatuey, un joven español de 26 años nacido en Medellín, quien se volvió el secretario personal del conquistador: Hernando Cortés de Monroy y Pizarro Altamirano.

Los taínos, indígenas que habitaban Cuba en aquellos años, fueron retrocediendo hacia las montañas, sufriendo derrota tras derrota ante el embate español. Después de la victoria militar, siguió la fundación de villas a lo largo de la isla, se establecieron puertos y se conformaron ayuntamientos; se incentivó el comercio al repartir tierras entre los naturales que las habitaban. La primera ciudad fue Nuestra Señora de la Asunción de Baracoa, fundada en 1511, y en 1515 se fundó Santiago de Cuba, que sería la sede del gobierno.

• Dos náufragos entre los mayas •

Ambos eran parte de una expedición que en 1511 iba rumbo a La Española (actualmente Haití y Santo Domingo) desde el puerto de Santa María la Antigua, ciudad ubicada en el istmo de Panamá, en el golfo de Urabá, municipio de Unguía, Colombia; buscaba resolver problemas administrativos y suministros. Un violento temporal hizo encallar al barco entre arrecifes, lo partió a la mitad y lo hundió. Los 20 que sobrevivieron quedaron a la deriva en una barcaza; murieron siete. Llegaron a Yucatán, donde fueron capturados y hechos prisioneros. Algunos fueron sacrificados y el resto intentó huir, entre ellos Gerónimo de Aguilar y Gonzalo Guerrero; sus caminos se separaron y fueron reaprendidos en diferentes puntos de la península.

Gerónimo de Aguilar, seminarista, vivió 8 años como un esclavo. Gonzalo Guerrero fue capturado cerca de Chetumal y esclavizado, pero al poco tiempo ganó la simpatía del pueblo con sus dotes de carpintería y de música (hizo una vihuela con un caparazón de armadillo). Se volvió guerrero, se tatuó el rostro, uso orejeras y *septum*, se casó con una princesa maya, Zazil Há, con quien tuvo a los primeros mestizos: Gonzalo, Juan y Rosario.

En 1519 ambos sobrevivientes fueron descubiertos por otros españoles.

Diego Velázquez fue recompensado con el título de Repartidor General de Indios de Cuba, lo que le permitió distanciarse de Diego Colón y ganar poder y autonomía. Bajo su mandato las villas florecieron gracias al oro que era extraído de los ríos, la siembra de la caña de azúcar, el ganado y la esclavitud de los nativos, quienes rápidamente desaparecieron debido a la explotación y las enfermedades europeas.

Francisco Hernández de Córdoba, 1517

Fray Bartolomé de las Casas describe así a Hernández: «Hombre muy suelto, harto hábil y dispuesto para prender y matar indios». Él encabezaba la expedición de tres navíos y 117 hombres que salió el 8 de febrero de 1517 del norte de Cuba rumbo a las islas Guanaja y las costas de Honduras, para capturar indígenas y esclavizarlos; sin embargo, una tormenta azotó a la expedición durante dos días y dos noches, haciendo que perdieran el rumbo. Después de 21 días de navegación, el 1 de marzo avistaron una costa desconocida hasta el momento para los castellanos: la península de Yucatán.

El nombre de punta de Catoche proviene de la frase que repetían constantemente los mayas en su idioma: «*cones cotoche, cones cotoche*», que, según Díaz del Castillo, significa: «Andad acá, a mis casas». Al acercarse los navíos a la costa, fueron recibidos por diez canoas entre las que iba un cacique maya, quien después de intercambiar obsequios, como collares de cuentas verdes, prometió regresar al otro día, y así sucedió. Ante la invitación por parte de los mayas a desembarcar y acercarse a su ciudad, los españoles alcanzaron la playa y las afueras de Ekab. Ahí vieron sólidas y altas construcciones hechas «de cal y canto», inexistentes en el Caribe, las cuales les parecieron similares a las altas mezquitas, por lo que la renombraron Gran Cairo.

La invitación maya tenía el propósito de tenderles una trampa una vez que estuvieran en tierra. En cuanto desembarcaron Hernández de Córdoba y algunos de sus hombres, cientos de guerreros mayas aparecieron entre la vegetación y los atacaron. Flechas por los aires; contraataque con armas de fuego; quince mayas muertos sobre la playa. Los españoles alcanzaron el centro de Ekab, donde finalmente lograron hacerlos retroceder, no sin antes llevarse piezas de oro y a dos mayas cautivos que fueron bautizados como Julián y Melchor… los famosos Julianillo y Melchorejo, quienes serían de los primeros intérpretes español-maya.

• «Trastabados de los ojos» •

Entre los pueblos mayas el estrabismo era muy preciado, a tal grado que lo inducían. Era signo de belleza, ya que consideraban que su dios solar también presentaba esta característica.

Después de este primer encuentro, la flota de Hernández de Córdoba siguió bordeando el litoral en dirección oeste. Tuvieron varios encuentros con nativos, siempre que bajaban para abastecerse de agua, así conocieron a los sacerdotes mayas, quienes llevaban el pelo largo cubierto de sangre y se vestían con mantas de algodón blancas y tenían el cuerpo pintando de negro; vieron sus templos y sus sitios de sacrificios. Luego llegaron hasta la bahía de la Mala Pelea (conocida hoy como Champotón, *Chakan Putum*), donde fueron recibidos por mil indígenas armados con arcos, flechas y mazas.

Sus líderes les señalaron dónde podían abastecerse de agua, pero su actitud agresiva era clara: no tolerarían que pasaran mucho tiempo en su territorio. Los españoles llenaron sus toneles en un pequeño riachuelo que daba a la playa bajo la atenta mirada de los nativos. A pesar de las advertencias, los españoles acamparon en la playa, siempre armados por si los atacaban. Durante toda la noche escucharon el ruido de tambores y caracolas al tiempo que los mayas danzaban alrededor de fogatas. Al siguiente día, 5 de abril de 1517, cuando amaneció y sin previo aviso, los mayas comenzaron a disparar cientos de flechas y rocas sobre el campamento de los *caxtiltecas* (como se les decía a los venidos de Castilla), que respondieron con sus arcabuces y ballestas. Sin embargo, era tal la cantidad de dardos mayas que tuvieron que retroceder a las embarcaciones. La retirada fue desesperada y trágica.

Murieron 50 españoles, hubo dos prisioneros y todos, salvo uno, fueron heridos: Bernal Díaz de Castillo sufrió tres flechazos, «uno de ellos fue bien peligroso, en el costado izquierdo, que me pasó lo hueco»; y Hernández de Córdoba sufrió treinta y tres heridas, lo que eventualmente le causaría la muerte. Ante la derrota, se decidió ir a la Florida para abastecerse de agua y luego regresar a Cuba.

Juan de Grijalva, 1518

Diego Velázquez de Cuéllar era un hombre corpulento, temperamental y explosivo: un día podía amenazar a un hombre con la muerte o con azotes, y al otro día, olvidar el problema e invitarlo a comer. Era muy voluble y aun así fue nombrado gobernador de Cuba.

A pesar de que la expedición de Hernández de Córdoba fue un fracaso, alimentó la codicia de Velázquez de Cuéllar al ver las piezas de oro que había rescatado y escuchar las descripciones de las grandes ciudades de cal y canto que habían avistado, con «altas mezquitas» que se podían apreciar desde el mar, así como el alto nivel de organización de estas sociedades y su densa población. De inmediato decidió preparar una segunda expedición para regresar a esas fabulosas tierras. Nombró capitán a su sobrino de veintiocho años, también natural de Cuéllar, Juan de Grijalva.

La expedición incluía cuatro barcos, entre 170 y 300 hombres, y partió hacia la península de Yucatán, siguiendo la ruta de Hernández de Córdoba. Se dirigieron a la isla de Cozumel, que llamaron Santa Cruz de Puerta Latina; ahí el capellán Juan Díaz realizó la primera misa documentada del actual territorio mexicano. Los hispanos observaron grandes ciudades desde sus embarcaciones; así lo describió el capellán Juan Díaz en su *Itinerario de la armada:* «Corrimos el día y la noche por esta costa, y al día siguiente, cerca de ponerse el sol, vimos muy lejos un pueblo o aldea tan grande que la ciudad de Sevilla no podría parecer mayor ni menor, y se veía en él una torre muy grande».

Ocho días después alcanzaron el lugar donde la anterior expedición fue diezmada: Champotón. Los españoles decidieron desembarcar bien aprestados para el combate, incluso bajaron falconetes (pequeñas piezas de artillería). De nuevo, escuadrones de indígenas emergieron de entre la vegetación y el enfrentamiento comenzó. En palabras de Díaz del Castillo: «Llegando a tierra nos comenzaron a flechar, y con lanzas a dar manteniente, y aunque con los falconetes les hacíamos mucho mal, tales rociadas de flechas nos dieron, que antes de que tomásemos tierra hirieron a más de la mitad de nuestros soldados». Aunque esta vez hicieron retroceder a los mayas, perdieron a siete hombres y fueron heridos 70, entre ellos el propio Grijalva, quien recibió tres flechazos y perdió algunos dientes.

Tras el combate, entraron a la ciudad, que estaba abandonada. De repente, se presentó el gobernante y le obsequiaron algunas cuentas verdes, con lo cual terminaron las hostilidades. Tres días permanecieron en Champotón, enterrando a sus muertos, curando sus heridas y abasteciéndose de lo necesario. Luego levaron anclas y siguieron bordeando la costa.

Siguieron por la laguna de Términos y cruzaron un río amplio y caudaloso que llamaron Grijalva en honor del capitán de la expedición. Cuando decidieron bajar anclas en ese lugar, de inmediato se presentaron algunas canoas tripuladas por mayas chontales provenientes de la ciudad de Potonchán, con quienes intercambiaron objetos de manufactura europea por piedras verdes y oro.

Se piensa que los intercambios entre españoles e indígenas eran injustos, pues los últimos daban piezas de oro y piedras semipreciosas, y, en cambio, recibían tijeras, espejos y collares de cristal cortado. Sin embargo, estos objetos los maravillaban.

En Mesoamérica, los espejos eran de obsidiana o pirita, y tenían un reflejo difuso y oscuro; en cambio, los artefactos españoles les devolvían una imagen clara, como si fuera un instrumento de agua. De igual forma, quedaron fascinados con el artefacto que les permitía cortar un preciado lienzo con facilidad y precisión.

• La lebrela de Términos •

Según cuenta Bernal Díaz, en esta expedición abandonaron a una lebrela, un tipo de perro alto y robusto. La perra sobrevivió y, casi diez meses después, la encontró Cortés y la sumó a su expedición. La lebrela fue encontrada precisamente en la laguna de Términos y, en cuanto se unió a los españoles, los ayudó a cazar liebres, venadillos y otras presas pequeñas para comer.

El religioso Juan Díaz registró uno de los momentos que más llenaron de fantasía a los europeos y que marcaría el destino de muchos pueblos mesoamericanos:

> **Otro día en la mañana vino el cacique o señor en una canoa, y le dijo al capitán que entrase en la embarcación, luego le dijo a unos indios que vistiesen al capitán [Grijalva] con un coselete y unos brazaletes de oro, borceguíes hasta media pierna con adornos de oro, y en la cabeza le puso una corona de oro. El capitán le mandó a los suyos que vistiesen al cacique con un jubón de terciopelo verde, calzas rosadas, un sayo, unas alpargatas y una gorra de terciopelo.**

Posiblemente se trató del cacique de los mayas chontales, Tabscoob, quien, a pesar de mostrarse amistoso con Grijalva, fue hostil con la siguiente expedición. Durante ese trueque fueron de gran importancia los mayas capturados en la expedición de Francisco Hernández, Melchorejo y Julianillo, quienes fungieron como «lenguas».

En este lugar, los españoles preguntaron dónde podían encontrar más oro, y los chontales les respondieron «*culua, culua*» y «*Mexihco, Mexihco*», al tiempo que señalaban hacia el oeste. Se referían a los mexicas y su maravillosa ciudad lacustre, Mexihco-Tenochtitlan.

Los castellanos siguieron navegando hacia el poniente buscando cómo colmar su insaciable hambre de riquezas. Navegaron por la actual costa de Veracruz, desde donde avistaron en la lejanía una alta y majestuosa montaña cubierta de nieve, el Citlaltepetl, Pico de Orizaba.

Luego llegaron al río Jamapa, que rebautizaron como río de las Banderas debido a que algunos indígenas desde la playa agitaban estandartes blancos tratando de llamar su atención. La tripulación de la embarcación capitaneada por Francisco de Montejo desembarcó para encontrarse con el grupo de nativos, quienes eran liderados por el gobernante mexica de la región.

¿Acaso Moctezuma ya estaba al tanto de los grandes navíos tripulados por caxtiltecas que recorrían las costas de sus dominios? Con toda certeza, sí. El encuentro fue amistoso y obtuvieron grandes cantidades de oro. Durante seis días hubo comida, pero la comunicación era deficiente porque

Julianillo y Melchorejo no entendían el náhuatl. Después de llevarse con ellos a un indígena, el cual fue nombrado Francisco, continuaron su travesía hacia el norte hasta el 24 de junio, cuando llegaron a unos arenales (Chalchihuecan) que llamaron San Juan de Ulúa. En las playas fueron recibidos por otros indígenas con estandartes blancos; era otra embajada mexica, más numerosa y encabezada por hombres de mayor rango que la vez anterior. La comitiva ayudó a los hispanos a construir cobertizos y les preparó comida, y accedieron al intercambio de objetos europeos, como cuchillos, sombreros de fieltro y terciopelo, por importantes cantidades de oro, más que las veces anteriores.

La codicia comenzó a desbordarse. Fue entonces cuando los capitanes y Grijalva debatieron si debían fundar una población ahí. Grijalva se negó rotundamente: poblar iba en contra de las órdenes de esa expedición. Partieron de nuevo al norte; mientras, Pedro de Alvarado fue enviado de vuelta a Cuba con todo el oro, los enfermos, los heridos y un informe dirigido a Diego Velázquez.

Las embarcaciones alcanzaron Tochpan (actual Túxpam) en el norte de Veracruz, donde fueron atacados con flechas por una flotilla de veinte canoas, desde donde también lanzaron cuerdas sobre el navío de Francisco de Montejo con el propósito de arrastrarlo hacia la playa; sin embargo, los españoles las cortaron. En ese momento decidieron regresar a Cuba: ya se encontraban muy al norte, las corrientes no eran favorables y las provisiones se terminaban. Juan de Grijalva accedió a las peticiones de su tripulación y de sus lugartenientes.

En Cuba, Diego Velázquez estaba preocupado por el tiempo que había durado la expedición, incluso mandó un navío capitaneado por Cristóbal de Olid, pero este regresó muy pronto debido al mal tiempo. Días después llegó Pedro de Alvarado. Velázquez quedó embelesado por la gran cantidad de oro que habían obtenido y maravillado por la crónica. Alvarado le comentó que la tierra estaba densamente poblada, que estaba llena de riquezas y campos fértiles, con una gran cantidad de ríos que desembocaban en el mar, así como con grandes ciudades.

De inmediato Diego Velázquez comenzó a preparar una tercera expedición cuando Grijalva desembarco en Matanzas el 5 de octubre de 1518. El gobernador le reclamó agriamente por no haber fundado una villa y haber esperado refuerzos. Pedro de Alvarado aprovechó y le reprochó a Grijalva, frente a Velázquez, su negativa de poblar los arenales de Chalchihuecan a pesar de la insistencia de varios de los capitanes de la expedición, acusándolo de incapaz. Juan de Grijalva cayó en desgracia y dejó vacante la capitanía de la siguiente expedición.

LA AMBICIÓN DEL JOVEN CORTÉS

HERNÁN CORTÉS NACIÓ EN 1485 EN MEDELLÍN, en la región española de Extremadura. Su padre, Martín Cortés, fue hombre de armas y, aunque no tuvo grandes éxitos, hizo lo suficiente para que se esposa Catalina Pizarro Altamirano y su único hijo no sufrieran carencias económicas.

Cortés fue enfermizo de niño, por lo que su vida estuvo en riesgo muchas veces, causando constantes preocupaciones a su ama de leche, María de Esteban. A los 14 años empezó sus estudios de gramática y latín en la ciudad de Salamanca, pero al poco tiempo regresó a su ciudad natal, tal vez por falta de recursos económicos o porque simplemente no estaba hecho para las aulas de clase, lo que causó un gran enojo en su padre, quien deseaba que su hijo lograra estudiar en la prestigiosa universidad de aquella ciudad. De acuerdo con Gómara, «mucho pesó a los padres con su venida, y se enojaron con él porque dejaba el estudio; porque deseaban que aprendiese leyes, facultad rica y de honra entre todas las otras, pues era muy buen ingenio y hábil para toda cosa». Esa época como estudiante le sirvió para aprender a leer y escribir el castellano y el latín, por ello en varias ocasiones en las crónicas se le refiere como un «latino».

Al ser hijo de un militar, desde temprana edad aprendió a esgrimir la espada y otras armas, así como a cabalgar con soltura. Aunque también fue un joven caprichoso y temperamental que constantemente se metía en problemas, muchos a causa de su afición a cortejar mujeres casadas o solteras. Se sabe que debajo del labio inferior tenía una cicatriz, recuerdo de un duelo por el amor de una amante.

Como hijo de un hidalgo sin riquezas pero de «sangre noble», tras no dedicarse al estudio, tenía pocas opciones: partir a Nápoles, Italia, para sumarse a las tropas españolas o buscar fortuna en las Indias Occidentales, como lo hacían muchos jóvenes de su condición.

Decidió «hacerse la América».

En 1504, a los 19 años, llegó a Santo Domingo, capital de La Española. Después de algunos meses, llegó a ser escribano de una villa llamada Azua. También participó en *razzias* contra caciques haitianos en regiones aún no pacificadas como Bauruco, Dayguao y Xuaragua, las cuales eran meras cabalgatas que buscaban esclavizar a los nativos, así como acabar con los caciques «rebeldes». En 1511, Diego Velázquez lo invitó a participar en la conquista de la isla Fernandina (Cuba). Tras la victoria y debido a su esfuerzo, se le otorgó un repartimiento de grandes dimensiones con mano de obra indígena, por lo que empezó a amasar una fortuna; fue entonces cuando conoció a Catalina Suárez Marcaida.

La Marcaida llegó a la Fernandina como moza de la prometida de Diego Velázquez, María de Cuéllar, quien murió prematuramente. Luego Velázquez se hizo amante de una las hermanas de la Marcaida, quienes llegaron poco después. Cortés sedujo a esta última, y para lograr conquistarla, le prometió que se casaría con ella, promesa que no estaba dispuesto a cumplir. Al saberse engañada, Catalina acusó al futuro conquistador con el gobernador Velázquez, y Cortés tuvo que cumplir su promesa: hubo boda; aun así, no dejó de procurarse otras amantes. Para el extremeño, este enlace le acarrearía un gran problema en el futuro, ya que la Marcaida moriría en sospechosas circunstancias en 1522, en Coyoacán. Varios de los enemigos de Cortés lo acusaron de haber estrangulado a su propia esposa después de un banquete en el que la pareja discutió, ya que para él su presencia se había vuelto un obstáculo para mantener a sus diferentes amantes, así como para casarse con una mujer perteneciente a la nobleza hispana, cuando su posición social había mejorado. Nunca se esclareció si la Marcaida murió de una enfermedad crónica que sufría o si fue asesinada por Cortés.

Los preparativos de la expedición

Poco tiempo después de su boda, a finales de 1518, Hernán Cortés fue elegido como capitán de la tercera expedición rumbo a Yucatán y la tierra de los cúluas. Diego Velázquez pregonó públicamente que la expedición tenía el propósito de colonizar las tierras ubicadas al suroeste de la isla; pero, en realidad, la orden que le dio a Cortés era obtener más oro, o eso fue lo que registró Bernal Díaz del Castillo.

Al recibir el nombramiento, Cortés puso cuerpo y alma en la preparación de la expedición. Escribió frenéticamente cartas a todos sus amigos, establecidos a lo largo de la isla, invitándolos y convenciéndolos de unirse, y pidió préstamos debido a que había gastado sus ahorros en su boda. Los hombres se convencieron de ir, empeñaron sus propiedades, se cortaron las coletas para evitar los piojos... Se generó un gran revuelo por la expedición.

Velázquez comienza a temer que la expedición se salga de sus manos. Primero no se atreve a detener a Cortés por miedo a una rebelión, pero en vísperas de su salida, trata de hacerlo, aunque sin éxito. Cortés y su compañía zarparon del puerto de Santiago sin todas las provisiones necesarias.

Antes de enfilarse a Yucatán, Cortés pasa por algunos puertos de la isla para abastecerse y para permitir que más hombres se le sumaran a la aventura. Mientras continuaba estas actividades, en el puerto Trinidad llegaron cartas de Velázquez a las autoridades de la villa con el propósito de arrestar al extremeño, pero la figura de Cortés ya era demasiado grande y su grupo demasiado numeroso.

Al final, la tercera expedición estuvo compuesta por 11 navíos, una centena de marineros, 508 hombres dispuestos a todo, dos religiosos —el capellán Juan Díaz y el fraile mercedario Bartolomé de Olmedo— y 16 caballos. Todos guiados por un hombre, descrito por Díaz del Castillo así:

> **de buena estatura y cuerpo, y bien proporcionado y membrudo, y la color de la cara tiraba algo a ceniciento, e no muy alegre; y si tuviera al rostro más largo, mejor le parecería, y los ojos en el mirar amorosos y por otra parte graves, las barbas las tenía algo prietas y pocas y ralas, y el cabello que en aquel momento se usaba de la misma manera que las barbas,**

> **y tenía el pecho ancho y la espalda de buena manera, y era cenceño, y de poca barriga y algo estevado de las piernas y muslos bien sacados.**

El 27 de febrero de 1519, las 11 embarcaciones alcanzaron la isla de Cozumel. Hernán Cortés, de nuevo, había dejado atrás toda su vida, y a los 35 años estaba por iniciar la aventura de su vida, una serie de eventos que cambiarían la historia del mundo por completo.

CONTACTO CON LOS MAYAS

Durante el viaje de Cuba a Cozumel, una tormenta sorprendió a la flota, dispersando las embarcaciones y causando contratiempos.

El navío comandado por Francisco de Morla perdió el timón, por lo que anduvieron a la deriva hasta que la tormenta amainó a la mañana siguiente. Con las aguas calmas y los vientos apacibles, la tripulación de este navío se percató de que el timón estaba flotando en las aguas a una escasa distancia de ellos, por lo que el capitán se amarró una cuerda a la cintura y se arrojó al mar para recuperarlo, lo que causó gran admiración entre la tropa.

Debido a la tormenta, el navío comandado por Pedro de Alvarado fue el primero en llegar a Cozumel; al parecer fue empujado en aquella dirección por la tormenta, según afirmó Cortés. Por otro lado, Bernal Díaz comenta que Alvarado ignoró las instrucciones de esperar a la flota para después continuar el avance sobre la isla. De inmediato, al llegar a tierra, el capitán pelirrojo ordenó desembarcar para robar los guajolotes de los nativos, así como los objetos de oro en los templos de la isla.

Cuando Cortés alcanzó la isla con el resto de los navíos, se enteró de las arbitrariedades cometidas por Alvarado e hizo que devolviera los objetos robados. Como ya se habían comido los guajolotes, los hombres del pelirrojo tuvieron que pagar su valor a los mayas con sartales hechos con cuentas de vidrio, cascabeles y espejos. Cortés mandó azotar al piloto de la nave de Alvarado; fue su manera de hacerles saber a todos que no toleraría insubordinaciones.

Gracias a la ayuda del intérprete indígena Melchorejo, —Julianillo ya había muerto—, Cortés pudo comunicarse con los mayas de Cozumel, quienes se presentaron al percatarse de que los recién llegados no tenían malas intenciones y solo querían intercambiar bienes. Entonces Cortés confirmó la existencia de los dos náufragos españoles que vivían entre ellos.

El cacique de la isla mandó avisar al europeo que el seminarista Gerónimo de Aguilar se encontraba cerca. Cortés escribió una carta para sus compatriotas, que les hicieron llegar junto con algunos collares de cuentas. La carta decía:

> **Señores y hermanos:**
> **Aquí, en Cozumel, he sabido que estáis en poder de un cacique detenidos, y os pido por merced que luego os vengáis aquí, a Cozumel, que para ellos envío un navío con soldados, si los hubiésedes menester, y rescate para dar a esos indios con quien estáis; y lleva el navío de plazo ocho días para os aguardar; venios con toda brevedad; de mí la seréis bien mirados y aprovechados. Yo quedo en esta isla con quinientos soldados y once navíos; en ellos voy, mediante Dios, la vía de un pueblo que se dice Tabasco o Potonchan.**

Las cuentas de colores eran para que los españoles pudieran comprar su libertad, pues se sabía que al menos uno de ellos se encontraba en calidad de esclavo.

Para Cortés era de suma importancia rescatar a estos hombres: al haber pasado tanto tiempo viviendo entre los nativos, con toda certeza hablaban su lengua y serían clave para comunicarse, y conocerían el tamaño de las ciudades de la zona, la presencia de oro, las capacidades militares de los mayas y, sobre todo, del país de Culua (Tenochtitlan), rebosante de grandes riquezas.

Gerónimo de Aguilar fue encontrado y se alegró ante el giro que daba su vida; compró su libertad y emprendió la marcha hacia el sur, hacia el kuchkabal de Chakte´mal, en busca de su compañero, Gonzalo Guerrero.

Grande fue su sorpresa cuando este se negó a ser rescatado para integrarse a la expedición de Cortés:

> **Hermano Aguilar —le contestó—, yo soy casado y tengo tres hijos, y tiénenme por cacique y capitán cuando hay guerras: idos con Dios, que yo tengo labrada la cara y horadadas las orejas. ¡Qué dirán de mí desde que me vean esos españoles ir de esta manera! Y ya veis estos mis hijitos cuán bonicos son. Por vida vuestra que me deis de esas cuentas verdes que traéis para ellos, y diré que mis hermanos me las envían de mi tierra.**

Desilusionado, Aguilar se despidió y regresó sobre sus pasos hacia cabo Catoche, para encontrarse con el navío de Diego de Ordaz. Como ya habían pasado ocho días, tuvo que redirigirse a Cozumel, donde estaba la expedición completa de Cortés.

Mientras tanto, en dicho lugar, Cortés había entrado a un templo para destrozar los ídolos y darles un sermón a los mayas sobre su dios, advirtiéndoles del infierno si seguían adorando a sus dioses. Luego el capellán Juan Díaz pidió que se erigiera una cruz y se construyera un altar para la Virgen. Toda la expedición asistió a la misa, así como una gran cantidad de mayas por insistencia de Cortés.

Gerónimo de Aguilar fue recibido con mucho entusiasmo por Cortés, aunque al principio no lo reconoció: iba con el pelo corto —pues había sido esclavo—, moreno, quemado por el sol, vistiendo «una cotara vieja calzada, y una manta vieja y muy ruin, y un braguero peor, con que cubría sus vergüenzas, y traía atada en la manta un bulto que eran horas [hojas] muy viejas».

«Dios y Santamaría y Sevilla», dijo a manera de saludo, de acuerdo con Bernal Díaz, en un español mal mascado y peor pronunciado. Le tendieron nuevas ropas.

De esta forma Cortés conoció todo sobre el naufragio de los dos españoles, sobre su escape para evitar ser sacrificados, sobre la vida que tuvo entre los mayas y finalmente sobre Gonzalo Guerrero. A Hernán Cortés le sorprendió conocer la decisión de su otro compatriota, quien prefirió a los mayas.

Tras su rechazo a los conquistadores, Gonzalo Guerrero fue un consejero de importancia en tácticas militares para enfrentar la amenaza, primero con las huestes de Pedro de Alvarado en 1524 y después con las tropas de los Montejo.

De acuerdo con el gobernador de Honduras, Andrés de Cereceda, Guerrero murió en 1536 combatiendo contra los españoles en Puerto Caballos. Fue herido por un tiro de arcabuz cuando apoyaba al cacique de Tolupan en el valle del río Ulúa (actualmente Honduras). Murió abrazando la cultura maya y defendiendo al pueblo al que se integró y con el que hizo su vida.

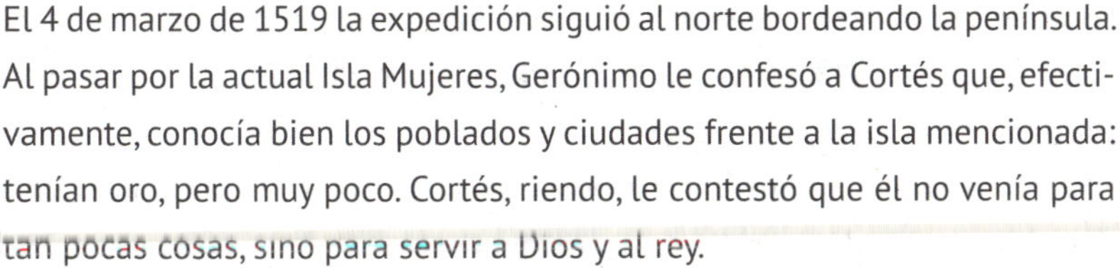

El 4 de marzo de 1519 la expedición siguió al norte bordeando la península. Al pasar por la actual Isla Mujeres, Gerónimo le confesó a Cortés que, efectivamente, conocía bien los poblados y ciudades frente a la isla mencionada: tenían oro, pero muy poco. Cortés, riendo, le contestó que él no venía para tan pocas cosas, sino para servir a Dios y al rey.

La toma de Potonchan y la batalla de Centla

Estos dos sucesos marcaron la campaña de Cortés en México. Su importancia fue trascendental por varios hechos: fue la primera victoria hispana frente a los indígenas mesoamericanos, puntualmente frente a los mayas chontales. También fue el primer enfrentamiento donde se usó al caballo en suelo americano —el temor posterior a estos animales nació aquí— y, como parte del botín de guerra, se le entregó al conquistador a la «lengua» doña Marina.

De acuerdo con Bernal Díaz, el 12 de marzo los navíos echaron anclas frente a la punta de los Palmares, ubicada cerca de la ciudad maya chontal de Potonchan. Al desembarcar se encontraron con cerca de 12 000 mayas de rostros y cuerpos pintados para la guerra, con grandes tocados de plumas sobre sus cabezas, sujetando sus hondas, arcos, lanzadardos, escudos y lanzas. A pesar de sus intentos por comunicarles que solo buscaban agua y alimentos para continuar su viaje, los chontales amenazaron con atacarlos al otro día por la mañana si continuaban en la playa. Hernán Cortés planeó esa noche la toma de Potonchan: dividió a sus hombres en dos fuerzas que atacarían la ciudad en distintos puntos. Para su sorpresa, los mayas chontales los estaban esperando para el enfrentamiento.

El incesante y rítmico retumbar de los tambores en tierra, los gritos de guerra, «alala, alala», y el grave rugir de las caracolas dieron la bienvenida a los europeos, quienes comenzaron a bajar de los botes bajo la lluvia de flechas, dardos y piedras. El terreno era de pantanos y manglares; Cortés perdió uno de sus calzados en el desembarco. La pelea inició con los españoles sumidos en agua y lodo hasta la mitad del cuerpo.

Protegido por los escudos de algunos rodeleros, el escribano del rey, Diego de Godoy, leía el *Requerimiento*. Este era un documento jurídico avalado por la Corona española donde se les informaba a los nativos que, de acuerdo con la bula *Inter caetera* expedida por el papa Alejandro VI el 4 de mayo de 1493, el Nuevo Mundo había sido dividido entre España y Portugal, tanto sus riquezas y territorios, como sus habitantes. Esta lectura inverosímil era una forma de justificar el ataque español y de responsabilizar a los nativos de las mortales consecuencias.

Ya en tierra los españoles recuperaron la ventaja. Llegó el segundo grupo, por un flanco se cerró la pinza y ganaron la ciudad. En la gran plaza del recinto ceremonial, Cortés acuchilló a una gran ceiba en señal de posesión para la Corona española.

Sospechando que al otro día pudieran ser atacados, Cortés mandó dos columnas, en diferentes direcciones, a buscar a los agresores. Fue así como en una llanura cercana, llamada Centla, reaparecieron los mayas chontales; los españoles se replegaron y Cortés mandó por los caballos para dar pelea al siguiente día.

El 15 de marzo los españoles estaban preparados para el combate, con las mechas de las espingardas y arcabuces ardiendo, con las ballestas tensadas y cargadas, manteniendo en alto las alabardas y las picas, sujetando las rodelas y las temibles espadas roperas adornadas con sus guarniciones de lazo. Comenzó el enfrentamiento: 400 infantes y algunas piezas de artillería ligera comandadas por Diego de Ordaz iniciaron la pelea a distancia y luego pasaron cuerpo a cuerpo. Según Bernal Díaz, los chontales los superaban uno a tres; según Cortés, eran 40 000; su número y su habilidad para la guerra a distancia hizo que los mayas chontales fueran ganando terreno.

Entonces, sorpresivamente apareció la columna de trece jinetes comandada por Hernán Cortés, protegiendo sus rostros con escudos y adargas de cuero. Apuntaban con sus lanzas a los rostros de sus enemigos, cabalgando a media rienda, barriendo el campo de batalla sin piedad. Entre los hombres que participaron en dicha carga se encontraban Cristóbal de Olid, Pedro de Alvarado, Francisco de Montejo y Alonso de Ávila. A los chontales les aterrorizaron esos grandes animales, su gran velocidad, sus patadas y cómo arrollaban todo a su paso.

Seguramente, al nunca haber visto un caballo, llegaron a pensar por un momento que jinete y montura eran una sola criatura, una especie de centauro. En pocas batallas de la historia el caballo jugó un papel tan destacado como en Centla. Las bajas españolas fueron tres muertos y 60 heridos, incluidos tres jinetes y cinco caballos; del bando chontal, los muertos fueron cientos.

López de Gómara afirmó que, en medio del fragor de la batalla, y antes de la llegada de Cortés y sus hombres, apareció un jinete vestido de blanco montando un caballo castaño que arremetió con fuerza y determinación, tres veces, en contra de los chontales, lo cual le dio respiro a la infantería para reorganizarse y retirar a los heridos de la línea de combate. Este personaje, dijo el conquistador, era el apóstol Santiago o san Pedro. Por otro lado, Bernal Díaz del Castillo desestima y se burla de semejante comentario, mencionando que en realidad se trató de Francisco de Morla montando un caballo rucio picado, o que, en su defecto, al ser un pecador, no fue digno de ver a alguno de aquellos gloriosos apóstoles.

Después de la batalla se presentaron 30 caciques mayas chontales, entre ellos el propio Tabscoob, con el propósito de entregar obsequios a los vencedores, buscando con ello la paz y una alianza. Entre las 20 esclavas dadas a los españoles, que fueron bautizas en una misa y luego abusadas, estaba Malintzin.

DOÑA MARINA

Malintzin nació cerca de Coatzacoalcos, posiblemente en Olutla, Tetiquipaque, aunque Díaz del Castillo menciona Painalla o Copainalla —poblaciones popolucas dominadas por los mexicas—, posiblemente entre 1504 y 1508.

La forma de nombrar a esta mujer ha sufrido tantos cambios con el tiempo como la propia idea de la nación mexicana desde la llegada de Cortés al territorio que hoy es México:

- **Marina:** nombre de bautizo castellano.
- **Malinalli:** distorsión de Marina; en el náhuatl que hablaban los mexicas, no existía un sonido similar a la *r*, por lo que comenzaron a llamarla «Malina» por cuestiones de practicidad. Después relacionaron el nombre con un signo calendárico que toda la población conocía: *Malinalli*, «hierba seca», signo que auguraba un terrible destino a quienes nacían en dicha jornada.
- **Malitzin:** a partir de Malinalli, se incluye el sufijo *-tzin,* un diminutivo reverencial que, dependiendo del contexto, implicaba un gran respeto, o cariño y aprecio; este se agregó al ser una mujer de gran importancia dentro de la expedición castellana, de gran cercanía a Hernán Cortés.
- **Malinche:** este nombre fue usado tanto para llamar a la popoluca como también a Cortés. De acuerdo con las crónicas del siglo XVI, sabemos

que incluso Moctezuma lo llamó «Don Malinche», pues siempre se le veía acompañado de doña Marina.

Durante su infancia y parte de su juventud, Marina aprendió a hablar el popoluca y el náhuatl, la *lingua franca* de gran parte de Mesoamérica. Existe la posibilidad de que su padre haya sido nahua, posiblemente un «adelantado» enviado desde el altiplano central con fines políticos y de dominación, pero ella acabó como esclava en un intercambio en Xicalango, donde posiblemente fue vendida a un grupo de mayas chontales procedentes de Potonchan o como botín de guerra. También existe la posibilidad de que la joven Marina fuera robada y vendida, y no que su familia hubiera caído en desgracia.

Cuando fue entregada a los españoles, Hernán Cortés la asignó a uno de sus lugartenientes, Alonso Hernández Portocarrero, quien poco después (julio de 1519) fue enviado como procurador a España con el fin de defender sus intereses y legitimar su causa ante el rey. Entonces Cortés toma a Malintzin como su mujer, separándose de ella en pocas ocasiones durante toda la conquista.

La importancia de doña Marina radicó en su inteligencia y sus conocimientos del popoluca, maya chontal y náhuatl; así, se volvió la principal intérprete de la expedición.

Cabe mencionar que el circuito de la comunicación no fue sencillo ni tampoco preciso, como generalmente se piensa. Cuando Cortés quería comunicarse con un embajador mexica, primero tenía que decir sus palabras en castellano a Gerónimo de Aguilar, quien a su vez las traducía al maya yucateco para que Marina tradujera lo que entendía, pues ella conocía la variante maya chontal, no la yucateca. Posteriormente ella traducía al náhuatl. La respuesta, entonces, seguía el proceso inverso.

¡Imaginemos la terrible distorsión de las palabras durante este proceso! Eso sin mencionar la posibilidad que tenía Marina o Aguilar de manipular la información de acuerdo con sus propios intereses, o los errores que cometían durante la traducción tratando de remendar los errores con sus propias palabras. Con el paso del tiempo, doña Marina, gracias a su conocimiento de la organización de los mesoamericanos, de su cultura, protocolos y forma de vida, así como al ser políglota y «la lengua» de la expedición, se convirtió en la consejera más cercana del propio Cortés, llegando a ganarse el vocablo de «doña» antecediendo su nombre.

También dio a luz al primer hijo varón de Cortés, nacido en Coyoacán en 1522 y bautizado Martín (el Mestizo). Este hijo fue muy querido por su padre extremeño, al grado de ser legitimado en 1527 gracias a una bula papal de Clemente VII, ya que nació fuera de matrimonio.

Doña Marina también acompañó a Cortés durante la desastrosa expedición a las Hibueras (actualmente Honduras) en 1524, con el fin de castigar a uno de sus lugartenientes que se había rebelado: Cristóbal de Olid. Durante el transcurso del viaje, y por órdenes de Cortés, Marina fue casada con el rico encomendero y regidor del ayuntamiento de México, Juan Jaramillo, con quien tuvo una hija llamada María. Para dejarla bien protegida, Cortés le asignó dos encomiendas, una de ellas la de Huilotlan, cerca de Coatzacoalcos.

Otro nombre poco utilizado y conocido de esta mujer fue el de Tenepal, que aparece por primera vez en la obra de Francisco Xavier Clavijero, *Historia antigua de México*, escrita en el siglo XVIII. Tenepal significa «quien habla con vivacidad».

Murió posiblemente a causa de la viruela, sarampión u alguna otra epidemia entre 1526 y 1527. Aunque el historiador Hugh Thomas afirma que murió hasta 1551 gracias a la correspondencia que encontró en España, donde se menciona que aún vivía en 1550.

VILLA RICA DE LA VERA CRUZ

El Jueves Santo, 21 de abril de 1519, la expedición llegó al puerto de San Juan de Ulúa, donde fueron recibidos por canoas tripuladas por indígenas enviados para encontrar respuesta a algunas dudas de Moctezuma. ¿Quiénes son y de dónde vienen? ¿A qué gobernante obedecen? ¿Qué buscan en estas tierras? También les afirmaron que podían proveerles apoyo.

Al siguiente día, Viernes Santo, los tripulantes desembarcaron en los arenales de Chalchihuecan, donde ahora se encuentra el puerto de Veracruz, y comenzaron a construir chozas.

El Sábado de Pascua llegaron enviados y embajadores de Moctezuma que ayudaron a mejorar las improvisadas chozas, pero lo más importante fue que la comitiva llevaba una gran cantidad de cargadores (*tamemes*) con alimentos y obsequios de gran valor; de inmediato comenzaron los intercambios. El capacete de hierro de un castellano llamó la atención de uno de los embajadores, Teuhtille; Cortés accedió a prestárselo con la condición de que lo regresara con su interior repleto de oro.

Entre los obsequios destacaron dos grandes rodelas, tan grandes como si fueran ruedas de carretas, una dorada cubierta de oro y otra de plata, que representaban al sol y a la luna. Posiblemente fue durante estos intercambios que el famoso «penacho de Moctezuma», un *quetzalapanecayotl*, acabó en las manos de los hispanos. Existe la posibilidad de que fuera parte de una vestimenta completa que era usada por los sacerdotes durante las fiestas religiosas con el fin de representar a una deidad, tal vez Quetzalcoatl.

En agradecimiento, Cortés les entregó una silla de manos para Moctezuma, collares de cristal cortado, una gorra carmesí, una medalla de oro de san Jorge matando al dragón y un sartal de diamantes torcidos. Además, les dijo que venían de parte de un rey poderoso que gobernaba al otro lado de las grandes aguas, quien tenía como vasallos a gran cantidad de pueblos, reinos y ciudades. Dicho señor los mandaba en paz para buscar la amistad del gran y poderoso Moctezuma, así como para compartirles la verdadera y única religión, a través de la cual podrían encontrar la salvación de su alma. Por lo tanto, para Cortés era de gran relevancia poder entrevistarse con el Huey Tlahtoani de Tenochtitlan. Ante la petición de visitar a Moctezuma, Teuhtille, molesto, le contestó que la consultaría con su señor y le haría saber su respuesta en algunos días, y partió.

En el campamento, también se hicieron presentes los *tlacuilos*, los pintores, forjadores de códices, con el propósito de plasmar todo lo que veían en papel amate y piel de venado cubierta de estuco para que así los ojos del Gran Orador pudieran observar a la distancia.

Hernán Cortés esperó durante días la respuesta de Moctezuma. El riesgo de motín estaba latente, así que decidió enviar a uno de sus líderes, Francisco de Montejo, a explorar las costas al norte de los arenales en busca de un lugar donde pudieran resguardar las embarcaciones de los elementos.

Por fin, Teuhtille regresó con la respuesta, más provisiones y obsequios que solo aumentaron la avaricia española y su determinación de ir a la capital del imperio. Piezas hechas de oro, piedras verdes, turquesas, jades, finas mantas de algodón, hermosos tocados hechos de preciosas plumas de aves exóticas, rodelas de guerra, pieles de jaguar y el capacete lleno de oro. La respuesta, sin embargo, era no. No los recibiría, les deseaba buen viaje y les agradecía los regalos recibidos. Cortés insistió y Teuhtille, de manera educada, le reiteró la negativa.

Se marcharon los embajadores y, al paso de los días, también se retiraron los indígenas que ayudaban a los hispanos, entre ellos las naborías que les preparaban sus alimentos. Las atenciones de Moctezuma habían terminado.

Ante el inminente motín de los hombres que estaban de parte del gobernador de Cuba y querían a Cortés arrestado, el extremeño dio uno de los pasos más brillantes en cuestiones tácticas de su vida: decidió fundar un poblado ahí mismo.

Así nació la Villa Rica de la Vera Cruz, con una presurosa lectura del acta fundacional, con un trazado de calles y solares con cordeles, y la repartición de estos entre los miembros de la expedición; todo en presencia del escribano. Se designaron las autoridades —alcaldes, miembros del cabildo, regidores—, y en gran medida se nombraron a los incondicionales del extremeño, quien finalmente renunció a su cargo de capitán general y justicia mayor. Cortés se retiró a su choza.

De inmediato, los miembros del nuevo cabildo buscaron a Cortés para compartirle la buena nueva: había sido renombrado capitán general y justicia mayor, pero en esta ocasión su designación no provenía de Diego Velázquez, sino de las autoridades de la villa de la Vera Cruz. Esta acción rompió todo vínculo con el teniente y gobernador de Cuba, para someterse directamente a las autoridades de la nueva villa —sus amigos—, lo que le otorgó un gran poder de maniobra para concretar sus planes.

Juan Velázquez de León —familiar de Diego Velázquez—, Diego de Ordaz y el Paje Escobar se quejaron de ser ignorados durante el nombramiento de las autoridades de la villa y amenazaron con regresar a Cuba. Cortés les dijo que no los detendría; es más, autorizó que les comunicaran su decisión a los demás descontentos, teniendo completa libertad para abordar un navío y abandonar la expedición. Lo que buscaba era saber en quién podría confiar en adelante. Cuando los velazquistas estaban por irse, fueron apresados los líderes y al resto se les advirtió que no podrían dejar la expedición, pues se les juzgaría y ejecutaría por desertores.

Regresaron los hombres enviados a explorar el litoral con buenas noticias: habían encontrado un fondeadero perfecto para proteger la flota en una ciudad totonaca, Quiahuiztlan (hoy Villa Rica en el actual Veracruz). Cortés decidió avanzar hacia dicho fondeadero con sus navíos, no sin antes nombrar alcalde de la villa recién fundada a Francisco de Montejo con el propósito de atraerlo a su causa.

TOTONACAS, LA PRIMERA ALIANZA

Cuando la gente de Moctezuma se fue, al poco tiempo llegó otro grupo de indígenas a espiarlos; al descubrirlos los hispanos, los invitaron a la villa.

—Lope Luzio, Lope Luzio —decían.

O eso entendieron los españoles y por eso los llamaron «los lopelucios». Llevaban grandes bezotes colgando de su labio inferior y pesadas orejeras de oro con piedras incrustadas.

Habían sido enviados por el señor de Cempoala, Xicomecóatl (aunque otras fuentes lo llaman Quauhtlaebana o Chicomacatl), para saber quiénes eran y cuál era su propósito ahí; además, su señor —quien sería conocido como «El cacique gordo de Cempoala»— les daba la bienvenida. En esa conversación, Cortés se dio cuenta del rencor y odio que le tenían los totonacas a los mexicas porque los tenían subyugados y los obligaban a pagar un gran tributo.

El poder de Moctezuma era aplastante, y eso mismo había creado un ambiente de tensión política y rencores acumulados entre los señoríos de la región, los cuales Hernán Cortés sabría aprovechar a su favor.

Cempoala, que en su apogeo tuvo cerca de 30 000 habitantes, estaba también al norte de Chalchihuecan, como el lugar donde querían guarecer sus naves; de inmediato se decidió ir: algunos irían en las 11 naves bordeando la costa y el resto avanzaría a pie.

Unos kilómetros antes de entrar a la ciudad totonaca, Hernán Cortés dio algunas instrucciones: los ballesteros y escopeteros tendrían preparadas sus armas, temiendo que fuera una trampa. Al contrario, fueron recibidos por 20 totonacas principales que se disculparon porque su gobernante no estuviera presente, debido a que era demasiado obeso para abandonar su palacio. Los españoles se sorprendieron: se trataba de la población más grande, bulliciosa y ruidosa que habían visitado hasta el momento, con traza urbana planeada, con una gran cantidad de templos hechos de piedra, recubiertos de estuco y pintados de brillantes colores. Dentro de su perímetro había un importante mercado rebosante de frutas, verduras y productos procedentes del mar, a donde acudían los totonacas de toda la región. Algunos conquistadores imaginaron que las construcciones eran de plata, a lo que doña Marina y Aguilar afirmaron riendo que solamente se trataba de «yeso o cal».

En el palacio de la ciudad, el cacique recibió a Cortés con un abrazo, le hizo reverencias y solicitó a uno de sus sacerdotes que lo ahumara. Todos comieron y después los líderes charlaron.

Cortés volvió a contar que era enviado por un rey del otro lado del mar para castigar a los infieles y ayudar a terminar con las prácticas paganas, por lo que le solicitó que no sacrificaran a más personas, que abandonaran sus antiguas prácticas paganas para que abrazaran la nueva fe y de esta forma salvaran sus almas. Haya entendido o no, el cacique gordo le contó sus quejas sobre la dominación de la Triple Alianza en su región, de cómo se habían llevado todas sus joyas de oro y gran parte de la riqueza de su ciudad a través del tributo que le pagaba a Moctezuma. Cortés prometió hacer todo lo posible para ponerle un alto a la dominación de Moctezuma.

Al otro día, muy temprano, abandonaron Cempoala para continuar hacia el norte, hacia el fondeadero ubicado por Montejo, acompañados de guías y cuatrocientos cargadores o *tamemes*, que les otorgó su primer aliado.

Llegaron a una bahía donde ya se encontraban sus navíos esperándolos, justo al pie de la población de Quiahuiztlan, cuyos habitantes los recibieron en paz. Ayudados por sus nuevos aliados cempoaltecas, los hispanos decidieron reubicar la Villa Rica de la Vera Cruz, pero en esta ocasión las chozas se hicieron de piedra.

El doble juego de Cortés

Días después, el cacique gordo fue a visitar a Cortés, llevado en un palanquín debido a su sobrepeso, y de nuevo «con suspiros y lágrimas» se quejó de la Triple Alianza. Durante su visita, llegó un mensajero e informó que los recaudadores mexicas llegarían pronto, exigiendo 20 totonacas para ser sacrificados, en razón de la desobediencia por haber ayudado a los españoles. Hernán le prometió al cacique que no le pasaría nada porque lo apoyarían y les dijo a todos los presentes que de ahora en adelante no dieran más tributo ni obediencia a Moctezuma, que corrieran la voz en toda la comarca, porque si había alguna agresión, ellos intervendrían.

Eventualmente, se presentaron los embajadores mexicas, soberbios, ataviados con preciosas tilmas de algodón, plumas colgando de su cabeza, con sus rostros adornados con bezotes, orejeras y narigueras de materiales preciosos como el oro, el ámbar y la plata, con turquesas y jades decorándolas, y con abanicos hechos de plumas multicolores con los cuales espantaban a las moscas y mosquitos. Los *calpixque* amenazaron a los señores totonacas cuando súbitamente Cortés ordenó capturarlos; uno incluso fue «sometido a palos»; nadie podía creerlo. Los totonacas pidieron el sacrificio de los mexicas para evitar que pudieran dar aviso del maltrato, pero Cortés se negó.

Durante la noche, el extremeño liberó a dos mexicas, los trató con amabilidad, les dio de comer y les dijo que él no había tenido nada que ver con su captura, y después de muchos halagos les dijo que regresaran con Moctezuma, afirmándole que él era su «gran amigo y servidor» y que pronto liberaría a sus compañeros con el respectivo salvoconducto a fin de que pudieran salir del territorio cempoalteca.

El cacique Quauhtlaebana estaba inquieto porque la situación podía derivar en un ataque militar a su pueblo. Cortés lo calmó diciéndole que no tenía nada que temer: ellos los protegerían con la condición de que le dieran obediencia y vasallaje a su Majestad Carlos. Ante los ojos de Moctezuma, eso era una rebelión, pero el plan de Cortés funcionó, porque desde el punto de vista del gobernante el español era potencialmente un aliado, así que le mandó oro en agradecimiento y el resto de los mexicas fueron liberados. Como esto no era más que una rebelión, la ira de Motecuhzoma menguó cuando se enteró de la liberación de algunos de sus principales hombres.

Como consecuencia, y a manera de agradecimiento, el Huey Tlahtoani de Tenochtitlan mandó a dos de sus sobrinos para obsequiarle al extremeño piezas de oro y mantas de algodón, quien, por el contrario, les entregó a los recaudadores restantes.

Mientras construían la Villa Rica, Hernán Cortés decidió que era prudente mandar emisarios a España, cargados con todo el oro y los regalos obtenidos hasta ese momento, con el propósito de legalizar su empresa y recibir el beneplácito del monarca español, Carlos I, y doña Juana, la reina madre.

Ahora que todo vínculo legal y político había sido roto con Diego de Velázquez, este sería el segundo paso para continuar con la colonización de dichas tierras y emprender la marcha hacia tierra adentro para obtener más súbditos para la Corona. La responsabilidad cayó en dos de los hombres más importantes de la expedición, Alonso Hernández Portocarrero, primo del conde de Medellín, y Francisco de Montejo. Los procuradores también llegaron con tres documentos:

1. La *Primera carta de relación*, de Cortés, escrita en ocho noches.
2. El «pliego de instrucciones» donde se señalan los puntos relevantes que los emisarios deben tocar ante la presencia del monarca: ratificación de Cortés como capitán general de la expedición, nombramientos de las autoridades de la Villa Rica, autorización para importar esclavos, recomendación para obtener una santa bula papal para la absolución de aquellos que mueran durante los combates contra los infieles, y la recomendación para que Diego Velázquez sea removido de su cargo debido a irregularidades y actos de corrupción.
3. La «Carta del Cabildo», donde se hace otra breve reseña de lo acontecido hasta el momento, una defensa de las acciones de Cortés y de sus principales lugartenientes. La carta cierra con un inventario de lo que se envía.

El 26 de julio de 1519 zarpó la embarcación, hizo una parada en Cuba para abastecerse de alimentos y porque Montejo buscaba no tomar partido con ninguno de los bandos, a fin de salir bien librado, dependiendo de la decisión del monarca sobre a quién beneficiar. De esta forma, Diego Velázquez mandó un navío para interceptarlos en las Bahamas; sin embargo, llegó tarde y ya no pudo darles alcance. El navío llegó sin percances a Sevilla, donde los fabulosos tesoros fueron confiscados por la Casa de Contratación sin haberlos presentado antes al monarca, por lo que decidieron encaminarse hacia Medellín buscando el consejo de Martín Cortés, el padre de Hernán. Después partieron a Valladolid para entrevistarse con el presidente del Real Consejo de Indias, don Juan Rodríguez de Fonseca, obispo de Burgos y arzobispo de Rossano, «el que mandaba toda la corte», quien los recibió agriamente al ser amigo y protector de Diego Velázquez, gobernador de Cuba. Este sería el comienzo de la batalla legal para ganar el favor del monarca. Por otro lado, doña Marina quedó en manos de Cortés, pues originalmente se le había asignado a Portocarrero.

Las *Cartas de relación,* de Hernán Cortés (1519-1526), son uno de los documentos más importantes de este periodo. En total son cinco cartas que abarcan la llegada a Yucatán, la Conquista de Tenochtitlan y, la última, su expedición a Honduras.

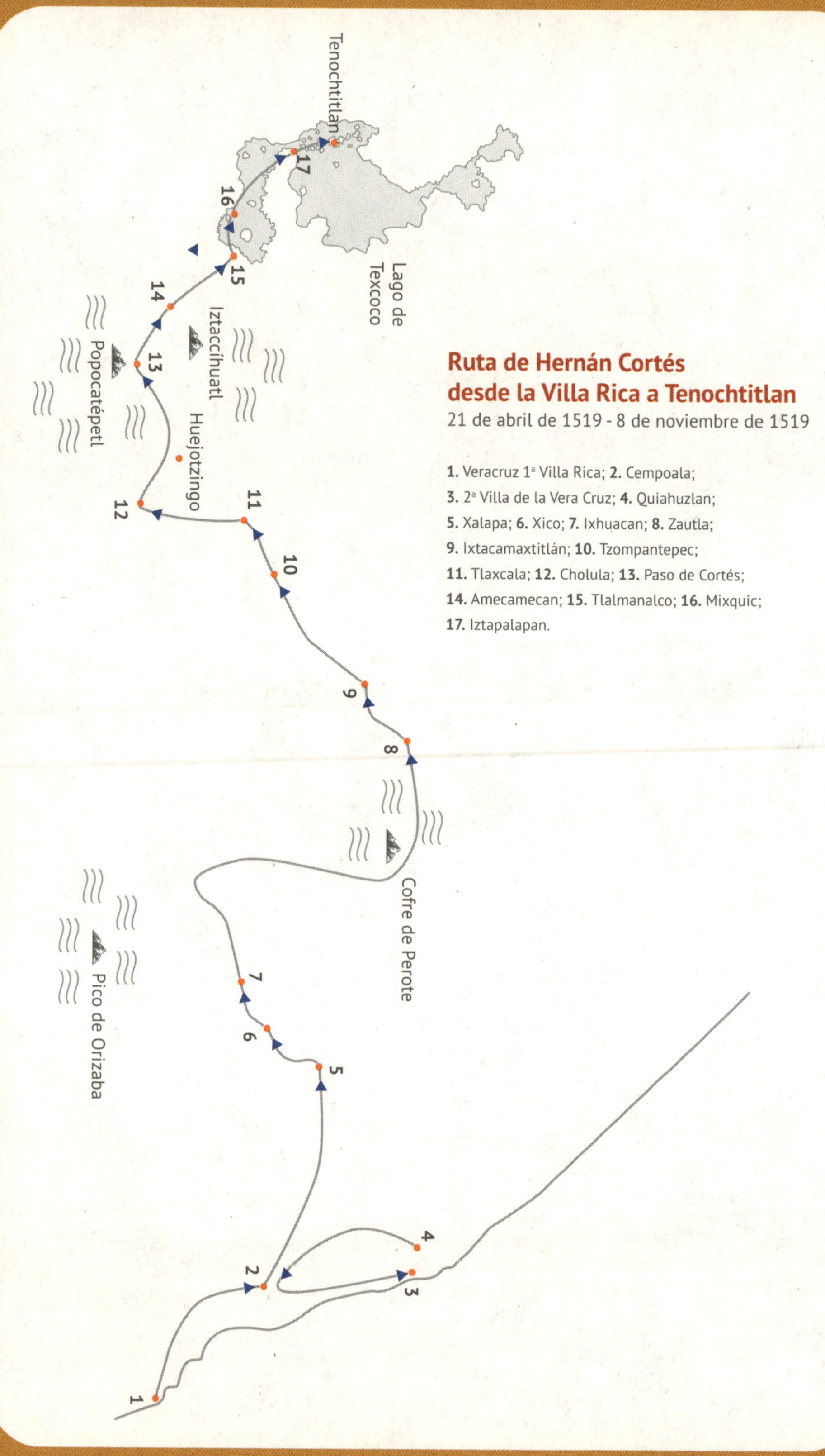
Ruta de Hernán Cortés
desde la Villa Rica a Tenochtitlan
21 de abril de 1519 - 8 de noviembre de 1519
1. Veracruz 1ª Villa Rica; 2. Cempoala;
3. 2ª Villa de la Vera Cruz; 4. Quiahuzlan;
5. Xalapa; 6. Xico; 7. Ixhuacan; 8. Zautla;
9. Ixtacamaxtitlán; 10. Tzompantepec;
11. Tlaxcala; 12. Cholula; 13. Paso de Cortés;
14. Amecamecan; 15. Tlalmanalco; 16. Mixquic;
17. Iztapalapan.
Tenochtitlan
Lago de Texcoco
Iztaccíhuatl
Popocatépetl
Huejotzingo
Cofre de Perote
Pico de Orizaba

¿LA QUEMA DE LAS NAVES?

Sin duda, uno de los episodios más famosos de la Conquista es aquel en el que el líder, con la intención de que nadie deserte, destruye la única vía de escape. Sin embargo, esta historia es una invención posterior.[2]

En realidad, Cortés mandó encallar las 13 naves justificando que se encontraban en mal estado debido a la falta de mantenimiento, carcomidas por la broma y «haciendo agua». Bernal Díaz del Castillo afirma que la acción de «dar con los navíos al través» fue una acción acordada con los amigos y fieles de Cortés, por lo que fue muy bien planeada con antelación por el extremeño y sus incondicionales, quienes fueron abriendo vías de agua entre las uniones de los tablones del casco de los navíos para justificar su encallamiento y desmantelamiento.

La razón de esto fue que Cortés descubrió una nueva conspiración por parte de los velazquistas, quienes se adueñarían de un barco para partir a Cuba. Uno de los involucrados se arrepintió y fue a contarle todo al extremeño, quien decidió poner un alto castigándolos con severidad: condenó a muerte a los conspiradores, Diego Cermeño y Pedro Escudero, sentencia que fue realizada en la horca de la plaza de la primitiva Villa Rica; a Gonzalbo de Umbría se le amputaron los dedos de un pie y se repartieron latigazos

[2] El primero que lo menciona es el prestigioso académico Cervantes de Salazar a mediados del siglo XVI.

al resto de los coludidos. Díaz del Castillo narra que, cuando Hernán firmó la sentencia de ejecución, exclamó: «¡Oh, quién no supiera escribir, por no firmar muertes de hombres!».

Cortés ya tenía en mente emprender el viaje tierra adentro hasta Tenochtitlan, así que era vital impedir alguna rebelión en la Villa Rica y un posible regreso a Cuba en su ausencia. Así, las naves terminaron en las playas de la Villa Rica y fueron desmanteladas con el propósito de usar los aparejos, cuerdas, anclas, cables, clavos, cadenas, incluso la madera de las embarcaciones, en un futuro.

La marcha tierra adentro

Hernán Cortés se encontraba en Cempoala con sus capitanes de confianza preparando todo para la marcha tierra adentro cuando llegó un mensajero desde la Villa Rica de la Vera Cruz. Era una carta del alguacil mayor Juan de Escalante, quien reportó que había aparecido un navío frente a la costa de la Villa Rica, navegando desde el norte con rumbo hacia el sur.

A pesar de las señales de humo y de haber izado «banderas» en la playa, la embarcación no se detuvo y continuó avanzando hacia el sur. Preocupado, Cortés decidió regresar a la Villa Rica seguido de cuatro jinetes y de «cincuenta soldados de los más sueltos», donde se encontró con Juan de Escalante, quien le compartió toda la información que disponía sobre el misterioso navío. Hernán continuó su avance hacia el sur con algunos jinetes para dar con el navío y conocer la identidad de sus tripulantes.

Al poco tiempo dieron con cuatro hispanos, entre ellos un tal Guillermo de la Loa, quien había alcanzado tierra con un batel, una pequeña embarcación de remos. De inmediato fueron capturados e interrogados. Así, Cortés se enteró de que eran hombres del gobernador de Jamaica, Francisco de Garay, enviados por el capitán Alonso Álvarez Pineda, quien ya había poblado la región del río Panuco. Francisco de Garay gozaba del favor de la corte y del obispo de Burgos, Juan Rodríguez de Fonseca, y había sido nombrado adelantado y gobernador de todo lo que descubriera entre los ríos de San Pedro y San Pablo.

Con la intención de hacer que bajara el resto de los hombres de la embarcación que se encontraba a escasa distancia de la costa, Cortés ordenó a sus hombres regresar sobre sus pasos, asegurándose de que fueran visibles desde el navío. El propio extremeño y tres de sus hombres de confianza desnudaron a los cuatro cautivos y salieron de entre los matorrales usando sus ropas, haciendo señas de auxilio a sus compañeros quienes los observaban desde la seguridad de su nao. De esta manera otro batel arribó a la playa, ahora llevando a seis hispanos más, los cuales también fueron apresados.

Finalmente, la nave levó anclas y regresó por donde vino. A la expedición se habían sumado 10 hombres más, entre ellos el «jumétrico» Alonso García Bravo, quien acabaría trazando la naciente Ciudad de México sobre las ruinas de Tenochtitlan, así como la ciudad de Antequera (Oaxaca, capital en la actualidad).

De esta forma Cortés se enteró de la presencia de otros castellanos en la región, quienes ya estaban colonizando la costa del golfo. Había que darse prisa en avanzar tierra adentro lo antes posible, no fuera que otros conocieran a Moctezuma antes que él.

De esta forma, los castellanos abandonaron Cempoala a mediados del mes de agosto de 1519, cuatro meses después de su llegada a los arenales de Chalchihuecan. Los acompañaron 200 cargadores totonacas, 360 guerreros cempoaltecas liderados por los capitanes de nombre Teuch, Tamalli y Mamexi. Y también llevaban algunos principales como rehenes con el fin de que refrendaran la alianza forjada. Bernal Díaz anotó: «cuarenta principales, y todos hombres de guerra». A sus espaldas se quedó el alguacil mayor Juan de Escalante con otros 150 castellanos, heridos, enfermos, algunos marineros y algunos ya viejos, terminando la construcción de la Villa Rica de la Vera Cruz, así como una fortaleza.

Es posible que desde la salida de Cempoala decidieran encaminarse hacia Tlaxcallan (Tlaxcala). Cortés había obtenido información sobre las diversas cabeceras de dicha región, las cuales estaban en guerra contra la Triple Alianza, así que existía la posibilidad de integrarlas como aliadas debido al malestar que sentían hacia la presencia mexica que debido a su expansión territorial las estrangulaba, rodeándolas e impidiéndoles comerciar. Este cerco fue tan duro contra las cabeceras tlaxcaltecas que, de acuerdo con las Crónicas, carecían de sal para condimentar sus alimentos.

La comitiva de Cortés alcanzó la antigua población totonaca de Xallapan (Jalapa). Como iban guiados por totonacas, fueron recibidos de manera amistosa, incluso les brindaron alimentos y porteadores extra. Para ese momento, la mayoría de los caciques totonacas de la costa ya apoyaba la rebelión que se estaba gestando contra la hegemonía de Moctezuma y el pago de tributo. Al día siguiente, la vanguardia de 50 hombres, dirigida por Pedro de Alvarado, partió rumbo a Coatepec, seguida por el grueso de la columna comandada por Hernán Cortés, la cual estaba a un día de distancia.

Podemos imaginar cómo se vería la gigantesca columna, compuesta de alrededor de 350 castellanos, 15 yeguas y caballos, cientos —si no es que miles— de cargadores que trasladaban las piezas de artillería, provisiones y alimentos, así como los guerreros totonacas vistiendo sus petos de grueso algodón, llamados *ichcahuipilli,* dirigidos por Mamexi, Teuch y Tamalli. Muchos de los hispanos también vestían estas armaduras flexibles de algodón, pues eran socorridas para proteger el torso principalmente de proyectiles, como piedras y flechas. En realidad, eran pocos los castellanos que tuvieron los recursos suficientes para costear armaduras completas de hierro o acero, o incluso petos hechos del mismo material, por lo que varios de ellos recurrieron al uso de brigantinas, gambesones y jubones acolchados. Sus cabezas iban protegidas con capacetes, borgoñotas y celadas; muchos llevarían sombreros anchos para protegerse del sol, como los usaban en Cuba, así como bonetes, gorras e incluso crespinas o cofias de red. Iban armados principalmente con espadas, dagas, picas, alabardas y algunas espadas a dos manos llamadas montantes. También en la columna iban alrededor de cuarenta ballesteros y veinte arcabuceros llevando sus rudimentarias y pesadas armas, así como algunos perros de guerra que atemorizaban a los indígenas con sus ladridos y su tamaño.

Atravesaron la ciudad fortificada de Xicochimalco (ubicada al norte de la moderna población de Xico) y siguieron hacia Ixguacan (la moderna Ixhuacán de los Reyes ubicada en la región montañosa del estado de Veracruz). Después sortearon el volcán Nauhcampatepetl (Cofre de Perote), por el paso llamado Nombre de Dios. Durante esta parte del trayecto, varios indígenas cubanos y taínos murieron debido a las bajas temperaturas. Avanzaban en plena temporada de lluvia, con la posibilidad de granizadas debido a la altura, marchando sobre caminos angostos y serpenteantes, que en ocasiones se transformaban en lodazales, a través de las montañas cubiertas de bosques de pinos y oyameles.

En su marcha, la columna dejó atrás las altas y frías montañas para entrar en una pradera semiárida cubierta con algunos cactus y magueyes, la cual precedía a un gran lago salado (El Salado). Para sortearla, Cortés y sus hombres hicieron un brusco giro hacia el norte en dirección de Altotonga, pasando tres días sin agua y sin comida antes de llegar a la población. Este cambio de dirección nos habla de la angustia y dificultades que sufrió la columna aliada al entrar en este altiplano árido y estéril. Después de alcanzar Altotonga, trazaron un arco ascendente en dirección oeste pasando por Xalacingo, Teziutlan y Tlatlauhquitepec, la sierra norte de Puebla. A partir de esta última población, comenzaron a descender en dirección suroeste para alcanzar la de Zautla, la cual era gobernada por un tributario de la Triple Alianza de nombre Olintetl, apodado el Tembloroso por su gran gordura.

En Zautla los hispanos quedaron aterrados al encontrarse con un *tzompantli:* un altar hecho con cráneos humanos atravesados por los lóbulos temporales con vigas de madera y expuestos en las plazas de los recintos ceremoniales. Cortés, como era habitual, conversó con el señor de la población compartiéndole que él era un emisario del rey más poderoso de la tierra y le preguntó a Olintetl si era vasallo de Moctezuma, a lo que contestó, según se refiere en la *Segunda carta de relación*: «¿Acaso existe alguien que no es vasallo o esclavo de Montezuma? ¿Acaso Montezuma no es el rey del mundo?».

Con el paso de los días, el Tembloroso le dio a Cortés, a manera de pacto, algunas piezas de oro, tres collares, cuatro colgantes, unas lagartijas de oro forjado, así como algunas mujeres. Cuando Cortés le pidió más riquezas, el cacique le contestó: «que oro que él lo tenía, pero que no me lo quería dar si Mutezuma no se lo mandase, y que mandándolo él, que el oro y su persona, y cuanto tuviese lo daría». Luego le recomendó no pasar por Tlaxcala, rodear esa región y llegar a Chalollan, aliada de la Triple Alianza, ya que los tlaxcaltecas eran «capitanes enemigos de Mutezuma».

Desde Zautla, Cortés mandó cuatro principales totonacas a Tlaxcala para que anunciaran su inminente llegada, recalcando que era el representante del monarca español, así como su intención de ayudar en su lucha contra la opresión mexica. Mandó algunos obsequios: una espada, una ballesta y una carta que difícilmente podrían leer y entender. Mientras estuvo ahí, todo lo que se hizo fue reportado al gran señor de Mexihco-Tenochtitlan, incluso su decisión a marchar a Tlaxcala para forjar una alianza.

La columna siguió hasta alcanzar la ciudad de Iztaquimaxtitlan; el gobernante también era vasallo de Moctezuma, y los recibió de manera amistosa. Ahí esperaron ocho días el retorno de los mensajeros totonacas, pero nunca regresaron y partieron hacia las cabeceras tlaxcaltecas.

TLAXCALA

HALLÉ UNA GRAN CERCA DE PIEDRA SECA, tan alta como un estado y medio, que atravesaba todo el valle de una sierra a la otra, y tan ancha como veinte pies, y toda ella con un pretil de pie y medio de ancho para pelear desde encima y no más de una entrada, tan ancha como diez pasos; y en esta entrada doblada la una cerca sobre la otra a manera de revellín, tan estrecho como cuarenta pasos, de manera que la entrada fuese a vueltas y no a derechas.

Esta es la descripción que hace Hernán Cortés de la gran muralla defensiva tlaxcalteca, de la cual hoy no queda nada.

La comitiva española entró a territorio tlaxcalteca alrededor del 28 de agosto de 1519. No había nadie. Caminaron cautelosamente, con las ballestas y escopetas cargadas, en orden cerrado, listos para un ataque.

Las súplicas de los caciques vasallos para no atravesar el territorio dominado por los enemigos de la Triple Alianza seguían, sobre todo si se deseaba visitar a Moctezuma y mantener la paz. Cortés hizo oídos sordos a las recomendaciones y continuó adentrándose. Durante aquellos años, en el territorio de Tlaxcala existían varias cabeceras, de las cuales cuatro eran las más relevantes:

- **Tizatlán**, gobernada por el anciano y ciego Huehue Xicotencatl.

- **Ocotelulco**, gobernada por Maxixcatzin.
- **Tepectipac**, gobernada por Tlehuexolotzin.
- **Quiahuiztlan**, gobernada por Citlalpopoca.

Cada una era independiente con su propio gobernante, y sus líderes sesionaban en un consejo para tomar decisiones conjuntas sobre la defensa del territorio, el comercio e incluso las guerras floridas. De ahí el origen de la supuesta «República de Tlaxcala». Desde mi punto de vista, sería más atinado llamarla una Confederación tlaxcalteca.

Alrededor de dichos asentamientos había poblaciones y rancherías de origen otomí asentadas en los alrededores de la principal zona nahua tlaxcalteca, quienes les tributaban a los gobernantes de las ciudades principales. Los otomíes eran formidables guerreros y por décadas habían protegido las cabeceras de ataques enemigos.

La columna de Cortés siguió avanzando a través de un terreno montañoso y boscoso, con algunos jinetes a la vanguardia y batidores a los flancos. Al ir subiendo por una colina, la vanguardia se encontró con una treintena de espías y guerreros tlaxcaltecas, quienes llevaban coronas de plumas de garza y águila, una cuerda trenzada blanca y roja sobre la cabeza, y pintura de guerra con líneas negras y blancas cubriendo su rostro y cuerpo, haciendo alusión a su deidad tutelar, Camaxtle, señor de la guerra y la caza.

Al ser descubiertos, emprendieron la retirada. Cortés mandó a algunos jinetes para darles alcance y tratar de capturarlos «sin heridas». Los caballos emprendieron la carrera y cuál sería la sorpresa de los jinetes que los tlaxcaltecas que conformaban el pequeño grupo se dieron la vuelta y combatieron empuñando sus *macuahuitl* cubiertos por los costados con lajas filosas de pedernal y obsidiana, así como largas lanzas, escudos y sus lanzadardos. Mataron a dos caballos antes de ser aniquilados. Francisco de Aguilar refiere que uno de los caballos muertos perteneció a Cristóbal de Olid, el cual se desangró por un profundo corte en su cuello. Al concretar esa efímera victoria, los jinetes se percataron de cómo miles de guerreros enemigos subían por las colinas, entre los árboles, para darles guerra.

Las batallas

Lo que empezó como una escaramuza entre las dos vanguardias de los ejércitos degeneró en una batalla campal en la cual se fueron integrando contingentes otomíes y tlaxcaltecas, así como muchos hispanos y sus aliados. Entre la multitud de guerreros tlaxcaltecas y otomíes se encontraba el aguerrido Xicotencatl, el joven, hijo de Huehue Xicotencatl.

Es probable que la Confederación tlaxcalteca supiera de la intención de Cortés de ver a Moctezuma; pensaron que eran sus aliados y llegaban en son de guerra, invadiendo sus tierras.

Combatieron hasta la caída del sol. Durante el enfrentamiento, los hispanos soportaron la lluvia de miles de piedras, «varas tostadas» y flechas que hirieron a gran cantidad de aliados. Al atardecer, las huestes tlaxcaltecas y otomíes se retiraron y el ejército hispano acampó en terreno llano. Esa noche cenaron algunos perros que encontraron en una población abandonada, donde se dispusieron a pasar la noche.

Bernal Díaz narra que curaron sus heridas untándose «unto de indígena»: la grasa del cadáver de algún indígena abatido; se calentaba hasta derretirla y se vertía sobre la herida para cauterizarla.

Finalmente, se montaron guardias durante toda la noche, con arcabuces y ballestas cargados, así como los caballos ensillados y enfrenados, todo listo para responder a un ataque nocturno.

Por la mañana salieron del caserío en orden de batalla, aprestados para la lucha y encomendados a Dios. Se encontraron con 6 000 guerreros divididos en dos escuadrones, quienes los recibieron dando grandes gritos y sonando sus tambores de guerra, los *huehuemeh*.

De inmediato dispararon sus proyectiles contra la compacta columna aliada. Cortés envió a tres prisioneros tlaxcaltecas capturados la jornada anterior pidiendo la paz, pero sin resultado, por lo que al grito de «¡Santiago y a ellos!» los 13 jinetes se lanzaron al combate, a media rienda, apuntando con sus lanzas jinetas a los rostros de los enemigos, lanzándolos cada que tenían la oportunidad, al tiempo que eran apoyados por los tiros de ballesteros y arcabuceros.

Durante el combate, fue derribada la yegua que montaba Pedro de Morón, quien cargó en contra de los escuadrones enemigos acompañado de otros dos jinetes. Los tlaxcaltecas lograron sujetar su lanza, inmovilizando al jinete, para después «darle una cuchillada a la yegua que le cortaron el pescuezo redondo y colgado del pellejo; y ahí quedó muerta». Pedro cayó al piso y fue rodeado; se defendió con bravura y evitó ser capturado hasta que llegaron varios jinetes, quienes lo rescataron gravemente herido. Moriría dos días después. La yegua fue despedazada en el campo de batalla, con el fin de mostrar sus partes en las diferentes cabeceras y poblaciones de Tlaxcala, y colocarlas dentro de los templos, con todo y las herraduras, como ofrendas para los dioses.

Esta batalla, ocurrida el 2 de septiembre, fue la más dura que enfrentaron los hispanos hasta el momento, quienes lograron mantener la formación y el orden. Los guerreros a los que se enfrentaban eran expertos, hombres de guerra sin miedo que conocían su territorio a la perfección. Ese día pudo haber terminado la empresa de Cortés. Lo único que salvó a los españoles de ser exterminados fue la llegada del atardecer, momento en el que sonaron las caracolas y los tambores de guerra tlaxcaltecas, ordenando la retirada.

Cortés y sus hombres se retiraron a unos templos que parecían fortalezas, donde fueron curados los heridos. Al día siguiente, siguiendo las órdenes de Cortés, una partida de 7 jinetes, algunos ballesteros y escopeteros y 200 infantes, recorrieron el valle, capturando a cerca de 20 tlaxcaltecas, saqueando las poblaciones cercanas para después incendiarlas con el propósito de hacer una demostración de fuerza en territorio enemigo. Nuevamente se liberaron algunos prisioneros para llevar mensajes a las cabeceras de Tlaxcallan, afirmando que los castellanos no buscaban hacerles mal o provocarles enojo, sino pasar por su tierra para ir a Mexihco y hablar con Moctezuma. Xicotencatl, el joven, les contestó que fueran a su pueblo, que allá harían las paces después de hartarse de sus carnes y honrar a sus dioses con sus corazones y sangre. También les afirmó que al otro día verían la paz que deseaba otorgarles.

El 5 de septiembre por la mañana, tan pronto salió la columna castellana de su real, se encontraron nuevamente con miles de guerreros tlaxcaltecas y otomíes, comandados por Xicotencatl, el joven, y acompañado del capitán Chichimecatecuhtli. Las cuatro cabeceras de Tlaxcala habían mandado escuadrones de guerreros para derrotar definitivamente a los invasores y a sus aliados. Sin embargo, existían rencillas e intrigas entre los principales capitanes por lo que este ataque fue un fracaso ante las expectativas de los capitanes tlaxcaltecas, pues la falta de acciones coordinadas no ayudó a obtener la victoria esperada. Nuevamente, al atardecer se retiraron los tlaxcaltecas. Grande debió de haber sido la frustración del capitán Xicotencatl al no lograr capturar vivo a ningún castellano ni lograr una victoria, a pesar de los esfuerzos militares y políticos realizados.

Al siguiente día Cortés envió con mensajes de paz a tres tlaxcaltecas capturados; el gesto nuevamente fue ignorado por los gobernantes de Tlaxcala y las hostilidades continuaron. Buscando nuevas alternativas para derrotar a los castellanos, los capitanes tlaxcaltecas recurrieron a los agoreros y hechiceros, quienes afirmaron que durante el día los invasores no podrían ser derrotados y que, por lo tanto, debían ser atacados durante la noche, pues cuando anochecía perdían todas sus fuerzas y virtudes. Xicotencatl, el joven, prestó atención a este consejo y preparó una fuerza de varios miles de guerreros para atacar el real donde descansaban sus enemigos. Esa noche llegó al campamento aliado un grupo tlaxcalteca acompañado de cargadores con guajolotes, pan de maíz y otros alimentos como obsequios; sin embargo, su oscura intención era conocer el estado de sus enemigos. Gracias al consejo de algunos indígenas cempoaltecas, Cortés se dio cuenta de la presencia de los espías en su campamento, por lo que detuvo a 17, les cortó las manos a unos y a otros los pulgares, y los envió de regreso después de haber sido interrogados. Gracias a la información obtenida y a las medidas que tomaron los españoles durante la noche, guardias y piquetes, caballos ensillados, ballestas y arcabuces cargados, el ataque nocturno de los tlaxcaltecas fue repelido, y sin presionar a fondo sus fuerzas, Xicotencatl decidió retirarse antes de sufrir más bajas.

Los siguientes dos días no hubo enfrentamientos. Varios hombres de Cortés le pidieron que regresaran a la Villa Rica y pidieran refuerzos a Cuba. El impacto psicológico de enfrentar guerreros como los tlaxcaltecas los desmotivó al pensar qué les esperaría en Tenochtitlan. A esta petición, Cortés les dijo que, si se retiraban, incluso las piedras se volverían contra ellos. Afirmó que Dios estaba de su parte y que, al retirarse, su prestigio como guerreros, obtenido a costa de sudor y sangre, se perdería y sus aliados, sus enemigos y el propio Moctezuma se alzarían en su contra. El extremeño terminó diciendo «que valía más morir por buenos, como dicen los cantares, que vivir deshonrados». No había más alternativa que seguir, enfrentar a los tlaxcaltecas y forzar el paso hacia Tenochtitlan.

Al mismo tiempo, existía un gran debate entre los principales de Tlaxcala: ¿valía la pena seguir haciendo la guerra a los caxtiltecas si todos sus esfuerzos habían sido infructuosos? Xicotencatl, el joven, seguía pensando que no había otro camino que el de derrotar y expulsar a los invasores; sin embargo, su padre Huehue Xicotencatl y Maxixcatzin pensaban que lo mejor era «hablar de paz».

Mientras que el joven capitán convocaba a sus guerreros para intentar un segundo ataque nocturno, los gobernantes de Tizatlán y Ocotelulco mandaban provisiones y mensajeros al campamento indo-hispano. Con el paso de los días, Xicotencatl, el joven, y su causa fueron perdiendo el apoyo político por parte de los principales tlaxcaltecas que consideraron que era tiempo de la diplomacia.

LA SEGUNDA ALIANZA

ASÍ FUE COMO SE PRESENTÓ UNA GRAN EMBAJADA ante Hernán Cortés. De inmediato los principales «pusieron las manos en el suelo y besaron la tierra» una forma reverencial y formal de saludo, para después proceder a sahumar con copal al extremeño. Comenzaron las pláticas de paz, con la ayuda de doña Marina y Gerónimo de Aguilar. Al principio, Cortés se hizo el enojado, reprochando los ataques que habían sufrido, así como el asesinato de sus mensajeros, incluso recordando a todos aquellos que habían muerto durante los ataques. También les pidió pruebas de la paz y les advirtió que si se presentaban de noche en su campamento, serían asesinados. Antes de partir, los principales tlaxcaltecas dejaron a algunas indígenas con el propósito de preparar tortillas y 20 hombres para acarrear agua y leña.

Las victorias obtenidas por los hispanos se esparcieron y llegaron a Moctezuma, quien de inmediato mandó mensajeros a donde estaban los españoles para disuadirlos de esa alianza, diciéndole que los tlaxcaltecas eran «gente traidora y engañosa» y se burlaban a sus espaldas. Los señores mexicas también le entregaron ricos obsequios por parte del señor de Tenochtitlan; estas joyas, piezas de oro, piedra verde y otros exquisitos materiales, fueron valuadas en 1 000 pesos de oro, eso sin mencionar las veinte cargas de fina ropa de algodón. Tanto Cortés como Bernal Díaz del Castillo afirman que estos embajadores prometieron vasallaje al monarca español a través de su mensajero, el propio Cortés. La realidad es que estos obsequios tenían el propósito de disuadir a Cortés y a su expedición de llegar a Tenochtitlan.

La oferta fue la siguiente: «que viese cuánto quería de tributo cada año para nuestro gran emperador, que lo dará en oro y plata y ropa y piedras chalchihuis, con tal que no fuésemos a México; y esto, que no hacía porque de muy buena voluntad no nos acogería, sino por ser la tierra estéril y fangosa». Hernán recibió de buena manera los regalos y el supuesto vasallaje, pero omitió decir si iría o no.

Dos días después, Xicotencatl, el joven, visitó a Cortés, acompañado de cincuenta principales y guerreros de renombre; era «alto de cuerpo, de grande espalda y bien hecho, y la cara tenía larga y como hoyosa y robusta; y era de hasta treinta y cinco años, y en el parecer mostraba en su persona gravedad». Pidió su amistad y perdón por las guerras que les habían hecho, culpando principalmente a los otomíes por los ataques. Entregó mantas coloradas y blancas, pero no oro, debido al cerco que les había impuesto la Triple Alianza. Las quejas contra el pérfido Moctezuma fueron largas y llenas de agravios.

Los tlaxcaltecas ofrecieron vasallaje a la Corona española y el 23 de septiembre de 1519 la columna del ejército indo-hispano entró a Tlaxcala donde una multitud de hombres y mujeres salieron de sus casas para observar el trascendental suceso. Los niños y las niñas subieron a las azoteas de las casas llenos de curiosidad por conocer los gigantescos venados sin cuernos, los ruidosos perros de guerra, así como a los teules.

Huehue Xicotencatl, debido a su edad avanzada y a que era ciego, colocó sus manos rugosas sobre el rostro de Cortés para conocer como lucía, «tentando sus barbas y rostro y se las traía por todo el cuerpo». A partir de ese momento los señores de Tlaxcala comenzaron a llamar a Cortés Don Malinche, «el que se hace acompañar por Malintzin».

Al otro día, el clérigo Juan Díaz realizó una misa, estando presente Maxixcatzin y el ciego y viejo Xicotencatl, así como una gran cantidad de principales de Tlaxcala, quienes obsequiaron a sus hijas y sobrinas, las más hermosas que tenían, con el propósito de que los hispanos se casaran con ellas. La hija de Huehue Xicotencatl fue bautizada como doña Luisa y fue entregada a Pedro de Alvarado; mientras que la hermosa hija, o sobrina de Maxixcatzin, fue bautizada con el nombre de Elvira y entregada a Juan Velázquez de León.

También fueron bautizados los cuatro gobernantes de las principales cabeceras de Tlaxcallan, y se les nombró Lorenzo Maxixcatzin, Vicente Xicotencatl, Bartolomé Citlalpopocatzin y Gonzalo Tlehuexolotzin. Para celebrar su bautismo, se hicieron grandes fiestas donde participaron tanto los tlaxcaltecas, como los castellanos y sus aliados totonacas.

Si bien no renunciaron a sus dioses, se otorgó un templo donde se colocó una escultura de la Virgen y unas cruces. En dicho lugar fue bautizada la nobleza tlaxcalteca.

En Tlaxcala, Cortés obtuvo información relevante sobre la estructura y el funcionamiento de la Triple Alianza, así como sobre Tenochtitlan, una ciudad construida sobre una isla en medio de un lago, con gran cantidad de templos, la cual, según dijeron, era inexpugnable. Les informaron sobre los puentes que existían para ingresar y transitar en ella: eran de madera y los podían retirar para impedir el acceso de fuerzas enemigas.

A pesar de la tristeza que les ocasionó a los caciques tlaxcaltecas, Cortés seguía firme en abandonar sus dominios y encaminarse hacia Tenochtitlan. Se dio un debate sobre cuál debía de ser la ruta: los tlaxcaltecas afirmaban que la forma más segura de llegar a la cuenca de México era a través de Huexotzinco, «quienes eran sus parientes y amigos», ya que Chalollan era una ciudad inmensa «de gran poblazón», donde Moctezuma siempre tenía tratos dobles. Pero los embajadores mexicas afirmaban que lo mejor era que se dirigieran a Chalollan (Cholula), señorío vasallo de los mexicas, y una de las ciudades más grandes, pobladas y longevas de su imperio. Cortés se decidió por esta ruta, por lo que mandó mensajeros ante su inminente llegada, al tiempo que mandaba a Pedro de Alvarado y a Bernardino Vázquez de Tapia a la capital mexica, con el propósito de entrevistarse con el Huey Tlahtoani tenochca, aunque más bien para conocer las defensas de la ciudad, su población, el número de sus guerreros, las rutas para llegar y de esta forma confirmar si de verdad era inexpugnable.

Tras diecisiete días de disfrutar de la hospitalidad de Huehue Xicotencatl y Maxixcatzin, el ejército indo-hispano, cada día más grande, se dirigió hacia Cholula.

El ascenso al Popocatépetl

Cuando los hispanos se encontraban en Tlaxcala, Diego de Ordaz le pidió permiso a Cortés de escalar la gran montaña humeante que se veía en el horizonte, ubicada cerca del señorío de Huexotzinco. Así, junto con otros dos españoles, algunos nobles huexotzincas y un grupo de cargadores indígenas, emprendieron la primera expedición europea al volcán activo. Díaz del Castillo comentó: «es aquel volcán que está cabe Guaxocingo, echaba en aquella sazón que estábamos en Tlaxcala mucho fuego [...], y un capitán de los nuestros que se decía Diego de Ordaz tomóle codicia de ir a ver qué cosa era».

Al subir, encontraron un pequeño adoratorio ubicado en las faldas de la montaña, «unos cúes de ídolos que llaman los teules de Popocatepeque», los dioses de la montaña. Al llegar ahí, los indígenas se negaron a seguir. Ordaz continuó el ascenso con sus dos compañeros castellanos, soportando la constante caída de ceniza y las bajas temperaturas, tratando de controlar el temor que sentía al escuchar cómo rugía la tierra desde las profundidades.

Finalmente, después de haber recorrido los 53 km que separan al volcán activo de Tlaxcala, alcanzaron la cima a 5 400 m, donde se encontraba el gran cráter que escupía fuego y humo. Diego de Ordaz dijo:

> al subir comenzó el volcán a echar grandes llamaradas de fuego y piedras medio quemadas y livianas, y mucha ceniza, y que temblaba toda aquella sierra y montaña adonde estaba el volcán, y que estuvieron todos quedos (callados, inmóviles) sin dar más paso adelante hasta de ahí a una hora que sintieron que había pasado aquella llamarada y no echaba tanta ceniza ni humo, y que subieron hasta la boca.

Se quedaron de pie, en silencio, y observaron la vista: las cinco lagunas del valle, de sur a norte: la de Chalco, Xochimilco, Tezcuco, Xaltocan y Zumpango. También vieron las muchas ciudades y poblaciones que salpicaban el paisaje, y al centro la gran Mexihco-Tenochtitlan, flotando en medio de un transparente espejo de agua, con sus canales surcados por miles de canoas.

MATANZA EN CHOLULA

El 11 de octubre el ejército conquistador pasó la noche cerca del río Atoyac. Fueron recibidos de manera amistosa por los señores de Chalollan (Cholula) con «bastimentos de gallinas y pan de maíz», y con gente en las calles.

Hernán Cortés escribió en su *Segunda carta de relación*:

> **Esta ciudad de Churultecal está asentada en un llano, y tiene hasta veinte mil casas adentro, en el cuerpo de la ciudad, y tiene de arrabales otras tantas. Es señorío por sí y tiene sus términos conocidos; no obedece a señor ninguno [...] era la ciudad más hermosa de fuera que hay en España.**

En especial lo sorprendió las más de 400 torres de esta ciudad milenaria, solamente comparable con Teotihuacan, ya que desde el siglo III a. C. existían asentamientos humanos dentro de su territorio.

Cholula era una de las ciudades americanas más pobladas, con una gran tradición como centro de comercio y religión, que contaba con una de las construcciones más enormes: una gigantesca plataforma de 65 m de altura y 400 m por cada lado, la cual fue llamada Tlachihualtepetl o «Cerro hecho a mano» (hoy en su cima reposa el Templo de Nuestra Señora de los Remedios). Este gran centro urbano destacó durante el posclásico tardío como un importante centro de comercio, donde se vendían productos provenientes de los señoríos mixtecos, los señoríos nahuas de la cuenca de México y la costa del golfo. A pesar de su antigüedad, mantuvo su importancia como un centro religioso, ya que era visitado por decenas de miles de peregrinos que llegaban desde las regiones más apartadas de Mesoamérica. La gran urbe estaba gobernada por dos sumos sacerdotes, Tlalchiac, «el mayor de lo bajo del suelo», y Tlaquiac, «el mayor de lo alto».

El siguiente día entraron a la ciudad. Gracias a doña Marina, los principales cholultecas dejaron claro que no tolerarían la entrada de los tlaxcaltecas de Xicotencatl y Maxixcatzin porque eran sus enemigos: «han dicho muchos males de nosotros y del gran Montezuma». Los guerreros tlaxcaltecas acamparon fuera de la ciudad; dentro, Cortés compartió con los señores cholultecas su discurso sobre la verdadera fe, el vasallaje al rey Carlos V, y la sugerencia de dejar de comer carne humana, realizar sacrificios y abandonar el culto a sus dioses. Los de Cholula se negaron rotundamente a esto último, pero el tema del vasallaje no les causó problema. Las relaciones fueron positivas desde el principio, con intercambios de regalos, al tiempo que los cholultecas les proveían alimentos y alojamiento, pero esto no duraría.

Los siguientes días, cuando los hispanos solicitaron alimentos, los cholultecas les llevaron solamente agua y leña, afirmando que no había maíz; esto levantó sospechas hispanas. De acuerdo con Díaz del Castillo, los cholultecas que los iban a visitar se mantenían a la distancia riéndose y burlándose del destino que les esperaba. Cuando el hambre era casi insoportable, llegó un grupo de embajadores de Tenochtitlan a advertirles que Moctezuma no quería que prosiguieran su avance hacia su ciudad, porque —alegaron— no contaban con las provisiones suficientes.

Continuaron las peticiones de Cortés para reunirse con uno de los gobernantes de la ciudad y resolver las tensiones, pero se negaban alegando que «estaban malos», enfermos. Los hispanos capturaron a dos sacerdotes, uno fue tomado como rehén, mientras que el otro fue enviado a buscar a los principales. Así pues, llegaron «el papa, el cacique y unos principales», a quienes Cortés les preguntó por qué tenían miedo. Respondieron que Moctezuma les había ordenado no darles alimento y no dejarlos avanzar a Tenochtitlan.

Ese mismo día llegaron ante Cortés algunos tlaxcaltecas a avisarle que los cholultecas habían sacrificado a siete personas en uno de sus templos, pidiéndole a sus dioses la victoria sobre los españoles, pues pensaban emboscarlos en su ciudad con el apoyo de 20 000 guerreros mexicas. A Cortés y a sus lugartenientes les llegaron reportes de que en las azoteas había muchas y pesadas piedras para lanzarlas sobre los invasores cuando llegara el momento, mientras que en las calles principales de Cholula habían construido trampas para los caballos y grandes hoyos con estacas. Si obtenían la victoria, los de Cholula se quedarían con 20 prisioneros hispanos para ser sacrificados y el resto sería enviado a Tenochtitlan para sufrir el mismo destino.

Cortés ordenó que esa noche todos estuvieran preparados para la batalla. Doña Marina se enteró a través de una mujer que el ataque era inminente. La cholulteca conocía esta información porque su esposo era uno de los capitanes que estaba organizando el ataque en conjunto con los guerreros mexicas apostados a las afueras de la ciudad. La mujer le ofreció a Marina en matrimonio a su hijo, a lo que Malintzin respondió:

> **¡Oh, cuánto me huelgo en saber que vuestro hijo, con quien me queréis casar es persona principal! [...] Por eso madre, aguardad aquí; comenzaré a traer mi hacienda, porque no lo podré sacar todo junto, y vos y vuestro hijo, los guardaréis, y luego nos podremos ir.**

Al contárselo a Cortés, este convocó una reunión. Algunos de sus lugartenientes opinaron que lo más prudente era regresar a Tlaxcala; otros, que se dirigieran al señorío aliado de los tlaxcaltecas, Huexotzinco; y otros más, que lo mejor era atacar. Ganó la última opción.

A la mañana siguiente, Cortés reunió a los sumos sacerdotes y a los principales de Cholula para avisarles que se marchaban; cuando estuvieron ahí, les reveló que sabía lo de sus planes de traición. Tronó un arcabuz: era la señal de ataque. Los primeros en caer fueron los «papas y principales de Cholula» en la gran plaza frente al templo de Quetzalcoatl. Después, la violencia se esparció por las calles, por los palacios y por los templos. Los contingentes tlaxcaltecas entraron a la ciudad con recelo y furia añejada, y no tuvieron piedad.

La masacre de Cholula se prolongó por dos días, durante los cuales los templos ardieron, las esculturas fueron hechas pedazos y fueron masacrados cerca de 3 000 indígenas, según Cortés. El botín fue inmenso, como era de esperarse de una de la ciudades más grandes y pobladas de Mesoamérica.

Cuando todo terminó, los principales cholultecas que lograron sobrevivir se reunieron en la gran plaza, se disculparon con Cortés y juraron lealtad al rey de España. Muchos cholultecas fueron enviados a Tlaxcala, donde fueron sacrificados, y al resto se le esclavizó; la cifra rondó los 20 000.

Este evento incrementaría la fama y el prestigio de los castellanos como los poderosos señores de la guerra, quienes estaban dispuestos a cometer masacres y saqueos si eran recibidos de manera hostil. Esto sucedió el 18 de septiembre de 1519.

El Paso de Cortés

Antes de partir a Tenochtitlan, llegó una nueva embajada de Moctezuma, que le dijo a Cortés:

> **Nuestro señor, el gran Montezuma, te envía este presente y dice que lo recibas con el amor grande que te tiene, y que le pesa del enojo que le dieron los de Cholula, y que quisiera que los castigara más en sus personas, porque son malos y mentirosos, que las maldades que ellos querían hacer le echaban la culpa a él.**

Cortés los escuchó, sabiendo que el Huey Tlahtoani tenía dobles intenciones; sin embargo, los recibió de manera amistosa, con muestras de amor y abrazos, para después mandarlos de regreso a Tenochtitlan anunciando su inminente llegada. El 1 de noviembre de 1519 los conquistadores iniciaron el último recorrido, de 83 km, hacia la capital mexica.

Pasaron por las tierras del señorío de Huexotzinco, donde fueron recibidos con abastecimientos, y continuaron su ascenso entre las dos cumbres nevadas del Popocatépetl y el Iztaccíhuatl. Entre densos bosques de coníferas, entre la bruma y el frío que les hacía tiritar, seguro se encontraron con diversa fauna de la región: venados, teporingos, coyotes y zorros. Entonces alcanzaron el célebre Paso de Cortés. De acuerdo con el extremeño, sabemos que hacían paradas en «posadas», donde hacían grandes fuegos para mitigar el frío. Bernal Díaz del Castillo confirma que nevó mientras atravesaban la cordillera, que la noche les impidió continuar con el descenso, por lo que buscaron refugio.

En algún punto del camino encontraron una bifurcación, de un lado había una senda «muy limpia y barrida, y la otra llena de árboles cortados» que bloqueaba el camino. Cortés y Marina les preguntaron a los embajadores de Moctezuma el porqué. Ellos contestaron que había sido cerrado para que no fueran por él, dando rodeos innecesarios. Cortés decidió ir por el camino cerrado.

Al otro día alcanzaron Tamanalco (Tlalmanalco) y fueron recibidos por los señores locales y representantes de Chalco, Amecamecan y Acacingo, quienes los alimentaron y les obsequiaron 40 esclavas y regalos de oro. Al mismo tiempo, desde su palacio, Moctezuma convocó a sus hechiceros y nigrománticos para detener su avance, causarles desgracias o enfermedades. Nada lograron.

Llegó una nueva comitiva compuesta por varios nobles desde Tenochtitlan, con más regalos para disuadir el avance. El principal se llamaba Tzioacpupuca; algunos castellanos le preguntaron a los tlaxcaltecas si él era Moctezuma, quienes contestaron que no. Al preguntarle al mismo Tzioacpupuca, él respondió que sí, lo que causó risas y carcajadas, y le gritaron:

> **Vete de ahí que mientes, que no eres Moctecuhzoma, ¿piensas engañarnos?, ¿piensas que somos algunos necios?; no nos podrás engañar, ni Moctecuhzoma se nos podrá esconder por mucho que haga, aunque sea ave, aunque se meta debajo de tierra, no se nos podrá esconder.**

La marcha final a la capital siguió y siempre fueron bien recibidos. Pasaron por Calpan, Ayotzingo y Mixquic (Mixcoac). Notaron, maravillados, los llamados «jardines flotantes», que eran las chinampas. Andrés de Tapia afirmó que Mixquic fue la ciudad más hermosa, aunque pequeña, que habían visto hasta ese entonces. Tomaron una calzada de una anchura «como larga es una lanza» para llegar a Cuitlahuac (Tláhuac), en una isla en medio del Lago de Chalco. Luego llegaron a Tlaltenco y de ahí observaron el Huizachtepetl (el Cerro de la Estrella), donde cada 52 años los tenochcas realizaban la ceremonia del fuego nuevo, ciclo en el cual se volvían a alinear sus dos calendarios, el ritual llamado Tonalpohualli de 260 días, y el cívico o solar, el Xiuhpohualli, de 365 días, para de esta manera iniciar nuevamente de manera conjunta. La última ceremonia del fuego nuevo fue realizada en 1517, año Dos Caña.

Pasaron por Culhuacan, cuyos gobernantes se presentaron como descendientes de la nobleza tolteca. De hecho, el primer Huey Tlahtoani de Tenochtitlan, Acamapichtli, procedía de este linaje tolteca-culhua, pues fue hijo de un principal mexica de nombre Opochtli, y de Atotoztli, una princesa que fue hija del gobernante de Culhuacan, Nauhyotl.

El 7 de noviembre alcanzaron Iztapalapan, señorío de 15 000 personas gobernado por el hermano menor de Moctezuma, Cuitlahuac, quien recibió a Cortés en persona. La mitad del poblado estaba construido sobre el lago de Tezcuco; y la otra, en tierra firme. Bernal Díaz describe el asombro en aumento:

> **Nos quedamos admirados, y decíamos que parecía las cosas de encantamiento que cuentan en el libro de Amadís de Gaula, por las grandes torres y cúes y edificios que tenían dentro del agua, y todos de calicanto, y aun algunos de nuestros soldados decían que si aquello que veían si era entre sueños.**

Jardines rodeados de estanques de agua dulce, fragancias de árboles frutales, andenes de rosas y flores; aves de colores en el cielo y en los canales, cientos de canoas cargadas con más flores, frutas y vegetales. Los muros blancos de los templos y palacios lucían bellos murales. Así llegaron al corazón del imperio.

EL ENCUENTRO CON MOCTEZUMA

EL 8 DE NOVIEMBRE DE 1519, alrededor de 300 castellanos y miles de aliados indígenas tomaron la calzada de Iztapalapan, para dirigirse hacia la maravillosa isla-ciudad que flotaba en medio de las apacibles aguas del lago de Tezcuco. La capital mexica estaba habitaba por alrededor de 150 000 personas y había más de 78 templos en su recinto ceremonial, el hogar de sus dioses, entre ellos Huitzilopochtli, «el colibrí del sur», el más importante

Momentos antes de que la gran columna avanzara por la calzada de 13 km —construida con piedras y argamasa, y que contaba con puentes que permitían el libre tránsito de las canoas a través de la laguna—, un mensajero mexica corrió por esta anunciando que todos debían quitarse del camino, ya que aquel que estorbara el avance de los teules sería castigado con la muerte. De acuerdo con las palabras del propio Cortés, la calzada tenía dos picas de ancho, «muy bien obrada que pueden ir por ella ocho caballos a la par». Aun así, miles de personas salieron de sus casas para observar y conocer a los admirados y temidos castellanos, quienes habían cometido masacres como la de Chololllan, pero que maravillaban a todos aquellos que conocían su armamento, los inmensos animales que montaban, sus ropajes e incluso sus bravos perros. Miles de canoas salieron de los embarcaderos y se establecieron flanqueando la calzada para poder observar a los hombres que llegaron del otro lado de las grandes aguas.

A la cabeza de la columna iban trece jinetes, con el alférez Cristóbal Corral a la cabeza, seguido de Cortés, doña Marina y los principales lugartenientes de la expedición: Alvarado, Ordaz, Olid y Velázquez de León. Este grupo era seguido por los infantes hispanos, rodeleros, arcabuceros, piqueros y ballesteros, y posteriormente por los contingentes de guerreros indígenas. La larga columna la cerraban los cargadores y las naborías, mujeres responsables de preparar los alimentos.

Pasaron por Mexicaltzinco, Huitzilopochco (Churubusco), ahí había una bifurcación para ir a Coyohuacan, pero continuaron hacia el norte, a la capital cuyo Templo Mayor o Huey Teocalli, con sus 45 metros de altura, ya se alcanzaba a ver.

La ciudad que vieron ese día los hispanos los dejaría impactados y fascinados. Su complejidad en perfecto equilibrio con el paradisiaco ambiente que la rodeaba sobrepasaba su imaginación. En la laguna donde se asentaba la ciudad, convergían decenas de ríos que escurrían desde las alturas; la cuenca de los lagos estaba rodeada por majestuosos picos y volcanes nevados. En la lejanía, sobre las aguas, observaron cientos de canoas, cargadas con chayotes, maíz, frijol, chiles, leña, textiles, piedras y flores; surcaban las aguas rumbo al gran mercado de Tlatelolco. La marcha duró alrededor de dos horas y media, hasta que estuvieron ante el baluarte de Acachinanco, el acceso a la ciudad a poco más de 2 km de Tenochtitlan.

Finalmente, antes del mediodía, Cortés y los castellanos se encontraron con la comitiva mexica, la cual iba encabezada por el Huey Tlahtoani Motecuhzoma en persona, quien era llevado en un palanquín adornado «con grandes labores de oro, con mucha argentería y perlas y piedras chalchihuis, que colgaban como bordaduras». Lo acompañaba su sobrino, el Tlahtoani de Tezcuco, Cacama; su hermano menor, Cuitlahuac, gobernante de Iztapalapan; el señor de Tlacopan, Totoquihuatzin; el de Coyohuacan y el de Tlatelolco. En la comitiva iban 200 nobles mexicas, los *pipiltin,* vistiendo sus mejores galas: tocados de plumas sobre su cabeza, finas tilmas de algodón de diversos colores, abanicos hechos de vistosas plumas, narigueras, orejeras y bezotes que decoraban sus rostros broncíneos.

El encuentro fue, según Cortés, en el paraje de Huitzilan, el mismo lugar donde mandaría construir el primer hospital de la Ciudad de México y de la Nueva España en 1524, con el propósito de conmemorar tal encuentro. Actualmente, Hospital de Jesús, sobre avenida 20 de noviembre y Pino Suárez, a la altura de Mesones y República de El Salvador. Ahí existe un mosaico que replica la obra del pintor Juan Correa, realizado a finales del siglo XVII y titulado *El encuentro entre Moctezuma y Cortés*.

Los señores de Tlacopan, Tezcuco e Iztapalapan se adelantaron a darle la bienvenida y saludar a Cortés y a sus hombres, como era costumbre, tocando el piso con dos dedos de la mano y luego llevándolos a la boca para besarlos. Las columnas hicieron alto para que el Huey Tlahtoani pudiera descender del palanquín. Algunos hombres barrieron el camino por donde iba a caminar y colocaron finas mantas para que el gobernante no pisara el suelo.

Cuando el gobernante mexica bajo de su palanquín, todos los miembros de la comitiva bajaron la mirada, a excepción de sus familiares y los otros gobernantes, pues verlo directamente a los ojos era una afrenta. Cortés se apeó de su yegua y caminó hacia él con la intención de abrazarlo, pero fue detenido por los señores que lo acompañaban: no se podía tocar.

Bernal dice que sí se dieron las manos. En ese momento, Cortés le obsequió a Moctezuma un collar de cuentas de vidrio de muchos colores y el mexica echó al cuello del español dos collares «hechos de hueso de caracol colorado con ocho camarones de oro del tamaño de un jeme», la distancia entre el dedo pulgar y el índice extendido.

El encuentro fue prolongado. Los 200 nobles que acompañaban a Moctezuma, uno a uno, saludaron a Cortés «besando la tierra». Al terminar el protocolo, el Huey Tlahtoani tomó de la mano a Cortés y acompañó a los recién llegados al centro de la ciudad, cruzando la gran plaza (el actual Zócalo) para alojarlos en el palacio construido por su padre, Axayacatl. Hoy esta construcción abarcaría desde el Monte de Piedad del Zócalo, hasta Isabel la Católica, Tacuba y avenida 5 de Mayo.

Cuenca del Valle de México al comienzo de la Conquista

TENOCHTITLAN Y TLATELOLCO

Esa misma tarde, y al otro día, Moctezuma regresó al palacio de Axayacatl para visitar a Hernán Cortés y conocer a sus huéspedes y sus intenciones.

Moctezuma le recomendó al hispano, a través de sus traductores, que no creyera todo lo que decían los tlaxcaltecas, sus enemigos; por ejemplo, que Tenochtitlan tenía templos hechos de oro y de plata cuando en realidad solo eran de piedra, madera y cal. En algún momento le dijo, alzando su tilma: «véisme aquí que soy de carne y hueso»; con lo que quería decirle que no era ningún dios. También se excusó por no haberlo invitado antes, ya que sus súbditos les tenían gran temor debido a las grandes bestias que montaban y a los bastones que escupían fuego y retumbaban como el trueno. Reconoció el valor y el arrojo de los teules por su victoria frente a los chontales en Centla y contra los tlaxcaltecas.

Durante estos parlamentos, reinó la amabilidad y los formulismos de bienvenida propios de los nahuas, pues sabemos que Moctezuma dijo: «Don Malinche, en vuestra casa estáis vos y vuestros hermanos; descansa», frases protocolarias que posiblemente fueron mal entendidas o tergiversadas con toda intención por Cortés para afirmar que el gobernante de Tenochtitlan había jurado vasallaje al monarca Carlos V, entregando su ciudad sin ningún tipo de resistencia, lo cual es difícil de creer.

Por su parte, Cortés le habló sobre la verdadera fe, sobre su único Dios, el que hizo la tierra y el cielo, así como el mar y las arenas; afirmó que los dioses que adoraban en dichas tierras eran demonios, y que, si continuaban adorándolos, así como realizando sacrificios humanos, acabarían en el Infierno y sus almas se perderían. Ante esto, Moctezuma le contestó indignado que ellos consideraban buenos a sus dioses, a quienes sus abuelos habían adorado desde tiempos remotos, y por ello los dioses les recompensaban con la grandeza de Tenochtitlan; le solicitó que no hablara mal de sus deidades.

Las charlas fueron amables y amenas; algunos los vieron reírse juntos. Moctezuma los colmó de regalos: a cada «soldado» le entregó dos collares de oro, así como dos cargas de mantas.

Tras las charlas pasaron cuatro días en los cuales Cortés y sus hombres habían permanecido encerrados en el gran palacio de Axayacatl. El extremeño, ya desesperado, solicitó al gobernante mexica el permiso para poder salir y conocer la plaza mayor, el gran mercado y el «templo de Huichilobos de Tlatelolco». Moctezuma no solo autorizó a Cortés y a un puñado de sus hombres de confianza para que visitaran los lugares solicitados, sino que él mismo los acompañaría, con un importante séquito de nobles.

Los siguientes días el Huey Tlahtoani le mostró a Cortés, a algunos de sus lugartenientes y a un puñado de afortunados soldados la grandeza de Mexihco-Tenochtitlan y de su ciudad gemela, Tlatelolco. Cortés llegó a afirmar que la ciudad mexica era más grande que Sevilla y Córdoba. Les llamó la atención la rectitud de las calles y avenidas, el acueducto que lleva agua cristalina desde las profundidades del Cerro del Chapulín, así como la altura de las «mezquitas» y templos, los jardines internos y la extensión de los templos donde vivían los gobernantes y miembros de la nobleza. Es común encontrar en los escritos de Cortés, Tapia, Díaz del Castillo y López de Gómara frases como: «es cosa admirable de ver», «están muy bien labradas», «de maravillosa grandeza y altura» y «como no hay en España».

De acuerdo con Cortés, la gran plaza de Tlatelolco, «toda cercada de portales», era dos veces más grande que la ciudad de Salamanca, y era visitada diariamente por 70 000 personas para intercambiar productos, comprar algún alimento y observar los castigos que se imponían a quienes quebrantaban la ley. En sus pasillos cualquier visitante podía comprar diferentes alimentos; desde tamales, pulque, bebidas refrescantes, atoles y pinoles, totopos asados, guisados de todo tipo, incluso el famoso *tlalcacahuatl,* lo que conocemos como cacahuates, o raíces cocidas que eran muy dulces, de acuerdo con Díaz del Castillo.

El mercado estaba dividido en pasillos donde se vendían mercaderías de oro y plata, hasta flores y esclavos, los cuales traían atadas «unas varas largas con colleras a los pescuezos para que no se les huyesen»; en la sección de comida, se vendían frutas como tunas, guanábanas, mameyes, capulines, zapotes; verduras y cereales como maíz, frijol, amaranto, aguacate, chía, chayotes, chiles, quelites y calabaza. También se exhibía todo tipo de loza, leña y ocote, canoas llenas de cieno, tabaco liquidámbar, ungüentos y yerbas medicinales. Había «tablas, cunas, vigas, tajos y bancos de madera». Piedras preciosas como ámbar y jade. También alimentos como la vainilla, acociles, charales, carne de venado, de guajolote, perro, pato, garza, serpiente, liebre, conejo, así como el ahuautle (hueva de chinche de agua) y una especie de panecillos «que hacen de una como lama que cogen de aquella gran laguna, que se cuaja y hacen panes con ellos que tienen un sabor a manera de quesos». Tampoco podían faltar los vendedores de pulque y otras exquisiteces.

Para el intercambio de productos y manufacturas, se podían usar diferentes artículos de cambio: semillas de cacao, hachuelas de cobre, mantas bellamente labradas, piedras verdes llamadas *chalchihuites* e incluso pepitas y polvo de oro. De acuerdo con Díaz del Castillo, en el mercado uno podía comprar «cuantos géneros de mercaderías hay en toda la Nueva España».

En el mercado también se encontraban tres jueces que se establecían antes de que saliera el sol y abriera el mercado, y atendían todas las solicitudes de robo, disputas, fraudes, malentendidos y otros crímenes.

Todo el tiempo los castellanos estuvieron acompañados de los principales mexicas que les mostraban todos los productos, seguramente dándoles a degustar todo tipo de alimentos, desde insectos hasta tamales. Después procedieron a visitar el templo mayor de Tlatelolco, donde los esperaba en la cima Moctezuma. Desde la cima pudieron observar la majestuosidad de Tenochtitlan; al contemplar esta vista panorámica, Cortés y sus lugartenientes se percataron de la vulnerable posición estratégica en la que estarían si los mexicas deseaban atacarlos dentro de su propia ciudad. Bastaba con retirar los puentes de madera de las calzadas que unían la isla con el exterior para dejarlos aislados.

Cortés le pidió al gobernante mexica ver las representaciones de sus dioses y teules, por lo que entraron al adoratorio de Huitzilopochtli, donde encontraron el espacio lleno de humo de copal. El castellano notó en una jícara tres corazones de hombres sacrificados el mismo día, así como costras de sangre en las paredes oscuras; el lugar hedía. Dentro del adoratorio vieron diversas representaciones de deidades nahuas. Finalmente, al centro se encontraba la representación de la deidad tutelar de los mexicas: «el colibrí zurdo o del sur», señor de la guerra vinculado con el sol, el mismo que guio a su pueblo a través de una peregrinación de más de doscientos años para que finalmente pudieran fundar Mexihco-Tenochtitlan, su hogar, Huitzilopochtli.

> **Tenía la cara y rostro muy ancho y los ojos disformes y espantables; en todo el cuerpo tanta pedrería y oro y perlas y aljófar pegado con engrudo que hacen en esta tierra unas raíces, que todo el cuerpo y cabeza estaba lleno de ellos, y ceñido el cuerpo unas a manera de grandes culebras hechas de oro y pedrería, y en una mano tenía un arco y en otra unas flechas.**

Cortés y sus acompañantes abandonaron el interior del recinto lo antes posible porque el olor a sangre cuajada y podrida era insoportable como lo narra Bernal.

En la cima del templo mayor de Tlatelolco, Cortés le dijo al Huey Tlahtoani, de manera irónica, que cómo era posible que un gran señor como él, siendo tan sabio, adorara a semejantes ídolos, que en realidad eran «cosas malas, que se llaman diablos, que los tienen engañados». Por esa razón, solicitaba que le permitieran poner una cruz en dicha capilla, así como una imagen de la Virgen. Moctezuma respondió enojado: «Malinche, si tal deshonor como has dicho creyera [...], no te mostraría mis dioses». Cortés y sus hombres decidieron regresar al palacio de Axayacatl, no sin antes bajar los 114 escalones del templo, a lo que el Huey Tlahtoani le respondió que tenía que realizar algunos sacrificios para expiar sus penas y ofensas.

En otra jornada visitaron el Totocalli, la Casa de las Aves, donde los castellanos pudieron observar todo género de aves, traídas desde los rincones más recónditos del imperio, entre las que destacaban las águilas, los quetzales, papagayos de diversos colores, hasta «pajaritos muy chicos, pintados de diversos colores». Algunas de ellas tenían estanques de agua dulce y jardines llenos de árboles y exuberante vegetación, donde podían retozar, mientras que otras se encontraban en grandes jaulas hechas de carrizo. A estas aves se les retiraba el plumaje cuando fuera conveniente, para que los amantecas pudieran realizar tilmas, estandartes, yelmos y escudos de impresionante belleza.

También visitaron la «Casa de las Bestias» de Moctezuma, la cual impresionó a los castellanos y albergaba muchos ídolos en piedra. Dentro de sus muros vivían jaguares, panteras, ocelotes, lobos, coyotes, pumas y un sinfín de animales, los cuales eran alimentados con «carnicerías» de venados, guajolotes, perros e incluso carne humana y vísceras de los desafortunados que eran sacrificados. Las fieras se encontraban en «salas grandes bajas», donde había jaulas cerradas con gruesos maderos labrados. Díaz del Castillo afirma que «cuando bramaban los tigres y leones, y aullaban los adives y zorros, y silbaban las sierpes era grima oírlo y parecía el infierno». ¡Para mantener este zoológico y sus animales, estaban destinadas hasta trescientas personas! En algún rincón de dicho complejo también había serpientes, víboras y «culebras emponzoñadas», así como distintos tipos de alimañas. Finalmente, ahí el Huey Tlahtoani coleccionaba a «personas especiales», como albinos, corcovados o con deformidades físicas.

LA CAPTURA DE MOCTEZUMA

TRAS LAS NEGATIVAS DE MOCTEZUMA a adaptar sus templos como oratorios católicos, Cortés le solicitó un salón en el palacio de Axayacatl para usarlo como capilla, colocar la cruz y esculturas de la Virgen y de Santiago. El Hüey Tlahtoani accedió.

Buscando un espacio para hacer su capilla, los españoles encontraron en un rincón del palacio una especie de puerta tapiada con piedras, argamasa y recubierta de estuco. La reabrieron con hachas y barretas... lo que hallaron los dejó sin palabras. Dentro de la habitación tapiada se encontraba parte del gran tesoro del padre de Moctezuma: miles de joyas de oro, estandartes, escudos, vestimentas, tocados hechos de preciosas plumas de colores, pectorales, ajorcas, anillos con incrustaciones de turquesas, piedras verdes, jades y ámbar. Hernán decidió que lo mejor era tapiar nuevamente la puerta y mantener en secreto su gran hallazgo, para evitar la codicia de otros castellanos y para no hacer enojar a Moctezuma.

El pensamiento de «hacer enfurecer al Huey Tlahtoani» le robaba el sueño al extremeño: conocía la delicadeza de su situación al ubicarse en medio de una isla. Sabía que, mientras siguieran habitando Tenochtitlan, su supervivencia dependía en gran medida de la voluntad de su anfitrión.

Entonces Cortés decidió jugarse el todo por el todo y comenzó a planificar el arresto de Moctezuma.

Un día por la mañana llegó ante Cortés un mensajero con terribles noticias de la Villa Rica de la Vera Cruz. El gran amigo y hombre de confianza de Cortés, quien se había quedado al mando de la población costera, Juan de Escalante, había muerto junto con seis soldados en una batalla que le habían dado los mexicas de una guarnición de la zona.

El conflicto comenzó cuando un grupo de mexicas de la actual Nautla, le solicitaron tributo a varias poblaciones totonacas, quienes buscaron la protección española. El líder de esta guarnición era Cuauhpopoca, o Quetzalpopoca. Escalante salió en defensa de los totonacas, quienes aportaron varios contingentes de guerreros. Días después se concretó la batalla: los totonacas y mexicas sufrieron grandes bajas, los castellanos vencieron, pero su líder, seis hombres y un caballo murieron. Esta es la versión de Díaz del Castillo. Cortés afirmará que se trató de una celada en la cual Cuauhpopoca buscó a Escalante con el propósito de rendirle obediencia, pero al no poder ir a la Villa Rica sin ser atacado por los totonacas, le solicitó una escolta de castellanos. Escalante accedió; cuando estos llegaron con los mexicas, fueron asesinados. Escalante, al buscar venganza, se enfrentó con los mexicas y perdió la vida a pesar de la victoria.

Al mismo tiempo que se enteraba Cortés de estas noticias, al palacio de Moctezuma llegaron mensajeros para entregarle la cabeza cercenada de un castellano, de nombre Argüello, que le envió Cuauhpopoca. De inmediato la mandó a enterrar fuera de Tenochtitlan para que no se supiera más de la cabeza y del conflicto, pero fue muy tarde.

Ese mismo día, Hernán Cortés y sus hombres, Alvarado, Sandoval, Velázquez de León, Lugo y Ávila, salieron temprano del palacio de Axayacatl completamente armados. Antes de salir, Cortés ordenó al resto de sus lugartenientes que tuvieran los arcabuces y las ballestas cargados, los caballos ensillados y los hombres preparados para cualquier eventualidad. Atravesaron apresurados la gran plaza de Tenochtitlan e ingresaron al palacio donde vivía el Huey Tlahtoani. Los acompañaban las lenguas doña Marina y Aguilar. Al poco tiempo, ya estaban en presencia del gobernante.

Cortés le reclamó el ataque contra Escalante. Moctezuma respondió que él no tenía nada que ver con la incursión de Cuauhpopoca: nunca ordenó que tomaran las armas en contra de los castellanos. En ese momento se quitó un brazalete de su brazo y se lo dio a un noble para que le hiciera saber a sus capitanes el gran interés que tenía en saber la verdad del caso y castigar a los responsables.

Entonces Cortés le pidió que lo acompañara a sus aposentos, sin causar ningún alboroto y de forma callada, donde sería «bien servido y mirado muy bien como en vuestra propia casa».

Comenzó una intensa discusión de más de media hora. Durante ese lapso no llegó ningún guerrero a auxiliar a Moctezuma, quien no deseaba acompañarlos. Uno de los capitanes que acompañaban a Hernán le reprochó: «¿Qué hace vuestra merced ya con tantas palabras?, o lo llevamos preso o darle hemos estocadas».

Moctezuma, finalmente, desistió y convocó a los grandes señores antes de partir. Les dijo que pasaría algunos días en los aposentos de los castellanos. Aclaró que iba por su propia voluntad y no por fuerza, por lo que no era necesario que «alborotasen a la ciudad» o a los guerreros. Después ordenó traer su palanquín y así abandonó su palacio. Así, el Huey Tlahtoani se estableció en el palacio de Axayacatl, con gran parte de su servidumbre y de su cortejo, compuesto por decenas de hombres y mujeres, así como algunos consejeros y sacerdotes, incluso algunas de sus concubinas.

Después del prendimiento de Moctezuma nada cambio en la gran capital: los embajadores, diplomáticos y grandes señores lo visitaban en su prisión. En dicho lugar recibía los tributos que venían desde tierras lejanas, así como también despachaba negocios y problemas de importancia, mientras que en todo momento los castellanos lo trataban con deferencia y respeto, llegándose a quitar los yelmos y sombreros en su presencia.

Días después llegó a Mexihco-Tenochtitlan Cuauhpopoca, acompañado de su hijo, ambos transportados «en andas», y otros quince principales. Al llegar a la ciudad, fueron apresados por los guerreros tenochcas. Después de un breve interrogatorio con Moctezuma fueron entregados a Cortés para que hiciera con ellos lo que deseara.

Hernán interroga a Cuauhpopoca, quien le confiesa que solo siguió las órdenes del Huey Tlahtoani, quien se lavó las manos al no defender sus actos. Luego fueron amarrados a unos postes frente a las Casas Nuevas de Motecuhzoma y fueron quemados vivos ante la mirada atónita de miles de tenochcas y del propio Moctezuma. Después de la ejecución, Cortés ordenó que se le quitaran los grilletes de sus piernas mientras le dedicaba palabras amorosas y lo abrazaba: «No en balde, señor Montezuma, os quiero tanto como a mí mismo».

Como consecuencia de este hecho, Gonzalo de Sandoval fue nombrado el nuevo alguacil mayor de la Villa de la Vera Cruz, por lo que partió de inmediato con una pequeña escolta hacia la costa. Hernán le ordenó que mandara a Tenochtitlan a dos herreros con todos sus aparejos de fuelles y herramientas, así como velas y jarcias con el objetivo de construir algunos bergantines para navegar el lago de Texcoco.

Llegaron las piezas y construyeron entre dos y cuatro bergantines, pequeños navíos de fondo plano, cuya velocidad sorprendió a Moctezuma, ya que eran impulsados por el viento de sus velas, mientras se reía viendo cómo las canoas donde iba parte de su séquito se iban quedando rezagadas.

CACAMATZIN, EL REBELDE

La paz reinó en Tenochtitlan a pesar de la incómoda presencia de los teules y de la prisión de Moctezuma; los propios tenochcas se adaptaron a las circunstancias del momento. Sabemos que los castellanos guardaron respeto al gobernante, quitándose sus yelmos y bonetes ante su presencia, y aquellos que fueron irrespetuosos fueron azotados frente a la tropa por órdenes de Cortés, como fue el caso del ballestero Pedro López. El Tlahtoani fue muy dispendioso con sus «carceleros», pues regalaba a manos llenas piezas de jade, turquesa, oro, plata, así como mujeres a los castellanos, viéndose beneficiado el propio Bernal Díaz del Castillo, a quien le dio tres tejuelos de oro, dos cargos de mantas y «una buena moza», de quien le aconsejó: «tratadla muy bien que es hija de hombre principal».

En esos días Moctezuma se encariñó con el paje Orteguilla, el único niño de la expedición, quien fue llevado a la aventura por su padre, quien rápidamente había aprendido el náhuatl, por lo que se volvió el intérprete del soberano mexica, quien rara vez se separaba de su lado. Otro hombre que, por indicaciones de Hernán, hacía visitas diarias al gobernante fue fray Bartolomé de Olmedo; quien tenía la tarea de adoctrinar al mexica en la nueva fe, explicando las bases de esta y conceptos como el «pecado», «Santísima Trinidad», «Infierno» y «Purgatorio».

Moctezuma, a su vez, solicitó a Cortés el permiso para poder realizar visitas a sus templos para cumplir con sus deberes religiosos, a lo cual el extremeño le dio la autorización con la condición de que no realizara sacrificios humanos y que siempre estuviera acompañado por un grupo de guardias.

De acuerdo con el propio Cortés y con Bernal Díaz del Castillo, un día el Huey Tlahtoani tenochca reunió a sus parientes y gobernantes de las ciudades aliadas y también tributarios en un salón del gran palacio de Axayacatl para solicitarles obediencia y vasallaje a los misteriosos hombres que llegaron desde el oriente. Así lo habían profetizado los sabios y abuelos: llegarían unos hombres al Cem Anáhuac desde donde el sol nace, y su llegada marcaría el final del poderío y hegemonía mexica. Estos guerreros traerían un nuevo dios y una nueva religión.

Realmente Moctezuma solo quería acabar con las constantes solicitudes de Cortés sobre el vasallaje a la Corona española, buscando así complacer sus deseos y que así los teules abandonaran lo más pronto posible sus dominios. Se trataba de un gesto simbólico para recuperar su autonomía, su ciudad y su libertad.

De esta forma, entre lágrimas y suspiros del propio gobernante tenochca como de los otros *teteuctin*, fueron a visitar a Cortés para darle obediencia al rey de España, todo mientras era registrado por parte del secretario real. Sin duda, uno de los peores momentos para el Huey Tlahtoani, pues durante este episodio «se le enternecieron los ojos y no pudo sostener las lágrimas», lo que conmovió a los castellanos presentes, quienes también se estremecieron de tristeza, ya que «era tanto el amor que le tenían».

La rebelión

Para finales de 1519, Cacamatzin, sobrino de Moctezuma y gobernador de Texcoco, compartió su inconformidad sobre la presencia de los castellanos en Tenochtitlan y el trato que les estaba dando su tío junto con otros gobernantes de la cuenca de México, los Tlahtoani de Tula, Matlatzinco, Coyohuacan, Tlacopan y el de Iztapalapan, el propio hermano de Motecuhzoma, Cuitlahuatzin.

En estas reuniones, Cacamatzin habló de la importancia de hacerle la guerra a los teules, pues eran evidentes sus intenciones de imponer otra religión, de saquear las riquezas del Cem Anáhuac, así como encumbrarse como los señores de dichas tierras, lo que implicaría la destrucción de la

Triple Alianza. También expuso que su tío había cometido un gran error al recibir en paz a estos misterios hombres y rendirle vasallaje a «su tlahtoani» ubicado al otro lado de las grandes aguas. Por si fuera poco, se había dejado engañar y ahora era su rehén, lo cual no era digno del Gran Orador de Tenochtitlan, y mucho menos del líder de la Triple Alianza.

Cacamatzin hizo un llamado a las armas para enfrentar a los teules hasta erradicarlos o expulsarlos de sus tierras. Pero Moctezuma se enteró, gracias a sus espías, y pidió a quienes seguían de su lado que no lo hicieran y alertó a Cortés de la situación. El español se preocupó al conocer la magnitud de la conspiración y mandó a decirle con un mensajero: «que se quitase de andar revolviendo guerra que será causa de su perdición», a lo que Cacamatzin le respondió que lo esperaba en Texcoco para hablar frente a frente.

Moctezuma lo mandó a llamar; Cacamatzin declinó la invitación. Así, el Tlahtoani de Texcoco fue capturado por principales tenochcas mientras precedía una reunión en uno de sus palacios con algunos de los conjurados y fue llevado ante Moctezuma. Su sobrino le reprochó todos los errores que había cometido y le dejó clara la urgencia de expulsar a los castellanos.

Finalmente, lo ataron con las pesadas cadenas que recién habían llegado desde la Villa Rica de la Vera Cruz para encerrarlo. Fue nombrado como gobernante de Texcoco otro de los hijos de Nezahualpilli, Cucuzcacin, quien se mantendría alineado a la política de amistad hacia los castellanos.

Días después fueron convocados uno a uno los otros gobernantes que habían escuchado y respaldado las palabras de Cacamatzin, por lo que fueron prendidos todos. Así acabó con la primera conspiración nahua contra los hispanos.

El origen del oro

En esa relativa paz, Cortés mandó diversas expediciones en busca de las minas de oro de donde provenían los tributos que llegaban a Tenochtitlan.

Gonzalo de Umbría se dirigió a la zona de Zacatula; un hombre de apellido Pizarro, a Tuxtepec y Malinaltepec. También Diego de Ordaz fue enviado a explorar la región de Coatzacoalcos. Estas partidas fueron recibidas en paz y trajeron gran cantidad de oro.

Mientras tanto, Hernán Cortés continuaba presionando al Huey Tlahtoani con aumentar el tributo de oro que recibía de sus provincias, esto para que fuera enviado al rey Carlos I. Veinte días después de esta solicitud regresaron a Tenochtitlan los principales que Moctezuma había enviado para demandar este tributo, todos cargados con oro, aunque no lo suficiente como para llenarle el ojo a Cortés, por lo que el tenochca autorizó que se tomara el oro del tesoro de su difunto padre, Axayacatl, el mismo que había encontrado Cortés detrás del muro tapiado. Por si fuera poco, mandó traer orfebres de Azcapotzalco para que fundieran los bezotes, narigueras orejeras, pectorales, ajorcas y cascabeles bellamente labrados, y los transformaran en barras de oro para ser almacenadas mientras todo era registrado por los oficiales del rey.

En total se recaudaron más de seiscientos mil pesos de oro, esto sin contar la plata, las piedras semipreciosas y otras joyas que no fueron valuadas. Ante semejante fortuna, pronto se escucharon los reclamos y las solicitudes para que la riqueza fuera repartida inmediatamente entre la tropa y los lugartenientes de la expedición.

La repartición no fue equitativa: se separó el quinto real correspondiente para el monarca, después Cortés sacó otro quinto que le correspondía a él por ser capitán general. Luego sacó otra importante cantidad para subsanar la inversión que él realizó en el «gasto de la armada», así como la realizada por el gobernador de Cuba, Diego Velázquez, con quien se encontraba en franca rebeldía. Así, poco a poco, la gran fortuna se fue reduciendo, pues después apartó la parte correspondiente a los cerca de setenta hombres ubicados en la Villa Rica de la Vera Cruz, así como la de los dos procuradores que mandó a España, Portocarrero y Montejo. También sacó otra suma para compensar la pérdida del caballo que se le murió, así como para la yegua que Juan Sedeño perdió durante los combates contra los tlaxcaltecas. No olvidó a sus lugartenientes de confianza ni a los religiosos Juan Díaz y Bartolomé de Olmedo, ni a los escopeteros y ballesteros, pues no era barato proveerse de dicho armamento en aquellos años. De esta manera, quedó una mísera cantidad, por lo que a cada hombre de la tropa le tocaron cien pesos, muchos de los cuales, ofendidos, no los aceptaron.

A partir de este episodio, algunos lugartenientes empezaron a exhibir su riqueza, como el propio Juan Velázquez de León, quien llevaba sobre su pecho una gruesa cadena de oro que le daba dos vueltas al cuello, la cual apodó «La fanfarrona». Los juegos de azar con naipes y dados cobraron popularidad pues en ellos se apostaban joyas, pepitas de oro, e incluso tejuelos sin marcar.

• El totoloque •

El Huey Tlahtoani disfrutó este juego y apostar grandes cantidades de oro con Cortés y sus principales. Este se basaba en tirar unos tejuelos hechos de oro con unos bodoques (una especie de bolas), hechos del mismo material, a una distancia marcada por rayas en el piso.

Sabemos que las trampas que realizaba Pedro de Alvarado hacían carcajear al propio Tlahtoani, quien, a pesar de perder, no se quejaba y gustoso daba joyas y otras piezas de oro a sus «oponentes».

Durante estos días los roces entre Moctezuma y Cortés subieron de tono. Y todo debido al mismo tema religioso en el que diferían.

El extremeño insistía en que se dejara de hacer sacrificios humanos y el Huey Tlahtoani defendía su religión. En este *estira y afloja,* Cortés consiguió que en uno de los adoratorios del templo mayor se le permitiera colocar una imagen de la Virgen María, así como una cruz. Esta acción causó un gran malestar entre la población de Tenochtitlan, y muchos principales mexicas y señores de la guerra presionaron a Moctezuma para que los teules abandonaran la ciudad, y de no ser así, los atacarían hasta acabar con el último de ellos. El Huey Tlahtoani mexica le compartió esta situación a Cortés con las siguientes palabras: «que luego salgáis de esta ciudad y no quede ninguno de vosotros aquí y esto, señor Malinche, os digo que hagáis de todas maneras, que os conviene: sino mataros han, y mirad que os van las vidas».

Cortés le agradeció la información y le dijo que no se podían ir de dichas tierras porque no contaban con navíos. Para resolver esta situación, mandó a Martín López y a algunos indígenas carpinteros a obtener la madera y posteriormente trasladarse a la Villa Rica a realizar tres navíos, no sin antes decirle de manera discreta al carpintero que se demorara en los trabajos lo más posible.

Así pasaron los meses, la paz en la ciudad se mantuvo en suspenso.

PÁNFILO DE NARVÁEZ

A PRINCIPIOS DE MAYO DE 1520 aparecieron en las aguas del golfo de México 18 navíos procedentes de Cuba que transportaban alrededor de 1 400 hombres, con 18 tiros de artillería y 80 caballos. La intimidante flota era comandada por Pánfilo de Narváez, quien había sido comisionado por el gobernador de Cuba, Diego Velázquez, para capturar a «Cortesillo», atarlo con cadenas y llevarlo a la isla para que fuera juzgado por rebelión e insubordinación.

La expedición estaba respaldada desde la Corte española por Juan Rodríguez de Fonseca, obispo de Burgos y presidente del Consejo de Indias, quien ejercía el poder cuando se ausentaba Carlos I y consideraba a Diego Velázquez su protegido.

La Real Audiencia, ubicada en Santo Domingo, entró en pánico al enterarse de que la flota de Velázquez estaba a punto de partir. El riesgo de que se concretara una guerra fratricida entre los propios españoles en las Indias Occidentales era muy alto, sin mencionar que Cuba quedaría desprotegida ante incursiones de otras potencias europeas o un levantamiento indígena. La empresa de Cortés era vital y la incursión de Narváez pondría en riesgo dichos logros, así que mandó a un oidor, Lucas Vázquez de Ayllón, a detener la empresa.

Cuando Lucas llegó a Cuba, ya era tarde: los gastos se habían realizado y los hombres y las embarcaciones estaban listas para partir. Lo único que logró fue evitar que el propio gobernador comandara la flota, justificando la importancia de su presencia para mantener la estabilidad en la isla. Otro factor que contribuyó a que Velázquez permaneciera en la isla era su obesidad, «era bien gordo y pesado», lo que le dificultaba todo esfuerzo físico. Por lo que se designó a Pánfilo de Narváez.

La flota ancló frente a San Juan de Ulúa, donde sus navíos fueron avistados por los espías de Moctezuma. De inmediato mandó mensajeros para contactar a los recién llegados caxtiltecas, quienes respondieron que venían con la intención de hacer prisionero al extremeño para aplicarle justicia real, pues era un rebelde. El Huey Tlahtoani les proveyó bastimentos, alimentos y cargadores.

Moctezuma le contó a Cortés con alegría que ya no tendría que esperar a que sus naves fueran terminadas, porque habían sido avistados unos navíos españoles en la costa. Esto puso en alerta al conquistador: no sabía si eran los procuradores que había enviado a España 10 meses atrás o si era una nueva flota que venía de Cuba. Sus dudas se disiparon cuando días después Moctezuma le mostró un «paño pintado» que le habían enviado sus agentes, donde aparecían dibujadas las 18 embarcaciones ancladas frente a los arenales de Chalchihuecan; esto con la intención de no ser considerado un traidor.

A los pocos días de que Narváez desembarcara, tres hombres de Cortés desertaron y se unieron a su tropa. Ellos le contaron, «al calor de unos tragos de vino», todos los detalles de la expedición, las victorias obtenidas, los señoríos aliados, y le brindaron información vital sobre la Villa Rica de la Vera Cruz y la maravillosa Temixtitlan. El oidor Vázquez de Ayllón quedó asombrado y se dio cuenta de que Cortés podría acabar con ellos si se lo proponía, apoyado por decenas de miles de indígenas. Así que le recomendó a Narváez que regresara a las naves y que él fuera el mediador; harto de sus insistencias, Narváez lo mandó arrestar en su propio navío. Días después lo mando a Castilla, no sin antes pasar por Cuba. Ayllón amenazó al capitán de dicha embarcación con colgarlo si no lo llevaba a Santo Domingo, y así cambiaron su ruta y destino.

En Santo Domingo, el oidor expuso la situación a la Audiencia Real, quienes de inmediato le escribieron al Real Consejo de Carlos I, pero las quejas fueron ignoradas gracias al poder de Juan Rodríguez de Fonseca, ya que el rey estaba en Flandes. Más tarde el monarca se enteraría y condenaría el comportamiento de Rodríguez de Fonseca. A la postre, esta acción ayudó a inclinar el favor real hacia la empresa de Hernán Cortés y en contra de Diego Velázquez de Cuéllar.

Días después, gracias a sus propios espías, Cortés se enteró de que Pánfilo de Narváez era quien comandaba la expedición y no Diego Velázquez. Esto lo alivió. De inmediato alertó a Gonzalo de Sandoval, alguacil de la Villa Rica.

Entonces, con el fin de detener a Cortés, Pánfilo mandó a cinco hombres (un clérigo, un escribano y tres testigos) ante el alguacil de la Villa Rica, Gonzalo de Sandoval. El alguacil, a su vez, había apostado guardias en los caminos, sabiendo que tarde o temprano se presentarían los hombres de Narváez. Cuando arribaron, el asentamiento castellano parecía vacío; Sandoval los recibió dentro de su casa sin salir. El clérigo Ruiz de Guevara le dijo que debía ponerse bajo las órdenes de Pánfilo de Narváez si quería salvarse de una condena en Cuba. Sandoval le contestó: «Mal habláis en decir esas palabras de traidores, aquí somos mejores servidores de su Majestad que no Diego Velázquez, y porque sois clérigo no os castigo conforme a vuestra mala crianza». Concluyó sugiriéndole que fuera a buscar a Cortés a Tenochtitlan, donde podría mostrarle los documentos que llevaba y donde sus acusaciones encontrarían respuestas. El diálogo se transformó en una discusión. Entonces, Sandoval mandó apresar a la comitiva y los envió a la capital mexica, al mismo tiempo que a un corredor para avisarle a Cortés.

Cuatro días después, el extremeño acogió a los hombres de Narváez a las afueras de la ciudad; los recibió en paz, «untándoles las manos de tejuelos y joyas de oro», proporcionándoles monturas y haciéndoles promesas de riquezas que obtendrían si colaboraban con él. Maravillados con la majestuosidad de Mexihco-Tenochtitlan, con el poder amasado por Hernán y con los bolsillos llenos de oro, dejaron de lado los reclamos y las órdenes de Narváez. Su regreso, tras varios días de agasajos y voluntades compradas, se realizó con la promesa de mediar entre las dos partes. Llevaban decenas de cartas escritas por los hombres de Hernán para antiguos camaradas de armas, primos y amigos, instándolos a defeccionar y unirse al bando del extremeño.

Entre ellas iban varias misivas escritas por el propio Cortés. Una iba dirigida especialmente al capitán general de la expedición, Narváez, donde le suplicaba que, honrando la antigua amistad que tenían, no iniciara una guerra entre ellos, pues dicha acción «alborotaría la tierra» que ya tenía controlada y evidenciaría las divisiones entre los hispanos frente a los indígenas. También le solicitaba que, si traía órdenes del monarca, las mostrara en la Villa Rica y que de inmediato serían obedecidas, sin dejar de reclamarle por nombrar alguaciles y alcaldes cuando ya habían sido nombrados previamente por los miembros del ayuntamiento. La misiva finalizaba afirmando que su persona y hacienda quedaban a su disposición.

La prioridad de Cortés, como antes la de Moctezuma, era posponer la marcha de Pánfilo de Narváez tierra adentro para ganar tiempo. Las misivas nunca fueron contestadas.

Otra de las acciones del capitán extremeño fue mandar a uno de sus principales consejeros a la costa, el fraile mercedario Bartolomé de Olmedo, con el objetivo de entrevistarse con Pánfilo, aunque su misión en realidad era repartir joyas y tejuelos de oro entre los hombres más influyentes de la expedición con el propósito de comprar voluntades. A la larga, esta acción daría frutos.

Antes de que la situación se saliera de su control, Cortés decidió marchar a la costa para enfrentar a Narváez. En la capital dejó alrededor de 70 hombres dirigidos por Pedro de Alvarado para que vigilaran al prisionero y fortificó el palacio de Axayacatl con tiros de artillería en sus accesos. Antes de partir le pidió a Moctezuma que lo apoyara con guerreros, pero este prefirió no posicionarse en ningún bando. Se despidieron dándose dos abrazos.

Finalmente, marchó hacia Tlaxcala, donde se encontró con más de sus hombres y solicitó ayuda a los líderes, pero tampoco se la dieron porque las posibilidades de victoria de Hernán eran mínimas: se enfrentaría a una fuerza cinco veces más grande que la suya. Ahí se sumaron a su ejército los hombres de Velázquez de León y del sifilítico Rodrigo Rangel, quienes exploraban la zona de Tuxtepec.

Pánfilo de Narváez se movilizó con sus hombres al norte de San Juan de Ulúa, ocupando la cabecera totonaca de la región, Cempoala. Al famoso cacique gordo no le quedó otra opción más que alimentar y acoger a los nuevos caxtiltecas, a pesar de que tomaban a la fuerza joyas, mantas, e incluso a las mujeres de los principales hombres.

Días después, Cortés llegó a Tampaniquita, población ubicada a 60 km de Cempoala, donde se encontró con el alguacil Sandoval, quien le contó cómo hizo pasar a dos castellanos por indígenas para que se infiltraran en el campamento de Narváez a fin de recabar información, así como para jugarle una mala pasada al veedor Salvatierra, quien constantemente insultaba a Cortesillo, como él lo llamaba, e incluso llegó a afirmar que se comería sus orejas asadas una vez que fuera ejecutado, además de otras liviandades. Estos dos soldados, vestidos a la usanza indígena y con el rostro pintado, le vendieron a Salvatierra un canasto de ciruelas, y después recolectaron hierba para alimentar a su caballo. Sin embargo, al llegar la noche, los dos «sirvientes indígenas» robaron su caballo, el cual estaba ensillado y preparado ante cualquier eventualidad; desaparecieron en la oscuridad. Esta anécdota le causó carcajadas a Cortés, Sandoval y Velázquez de León, diciendo este último: «Ahora braveará más desde que le halle menos».

Ya que Cortés deseaba evitar el enfrentamiento, envió de nuevo al fraile Olmedo con una carta para Narváez. En la misiva, le pedía que, si tenía alguna provisión real que reprobara su actuar, la mostrara y ellos la acatarían. De no ser así, que dejara de llamarlos traidores y regresara a Cuba. También le ofreció la posibilidad de que se estableciera con sus hombres en la provincia que eligiera para que ambos pudieran servir lealmente a la corona. Y le solicitó que regresaran «al cacique gordo las mantas y ropa y joyas de oro que le habían tomado por fuerza, y asimismo las hijas de señores que nos habían dado sus padres, y mandase a sus soldados que no robasen a los indios de aquel pueblo ni de otros».

Como era habitual, Olmedo llevaba oro que distribuyó entre algunos hombres y un artillero hermano de un hombre de Cortés de apellido Usagre, para inquietar conciencias y quebrantar lealtades. La contraoferta de Narváez fue poner a disposición de Cortés un navío para que se trasladara a donde quisiera, propuesta que fue rechazada.

Por esos días Cortés recibió 300 lanzas largas de hierro «mayores a las nuestras de Castilla», que había mandado a hacer a los castellanos que vivían entre los chinantecas. Estas lanzas estaban pensadas para enfrentar a los 80 jinetes de Narváez. Fueron llevadas al real de Cortés por un tal

Tovilla y 200 indígenas. La última acción antes de la batalla por parte del extremeño fue mandar a Juan Velázquez de León, familiar de Diego Velázquez, veterano de Flandes e Italia, a visitar a Pánfilo en Cempoala, porque lo tenía en gran estima. Comieron y platicaron y ambos trataron de disuadir al otro sin éxito. Al final, Velázquez de León presenció una especie de parada militar donde Narváez formó a su tropa, alardeando sobre la superioridad numérica que poseía y afirmando que solo sería cuestión de tiempo para derrotar al extremeño y enjuiciarlo. Finalmente, en algún momento de la comida, Juan Velázquez de León estuvo a punto de batirse en duelo mortal con Diego Velázquez, sobrino del gobernador, pues constantemente acusaba de traidores y rebeldes a los hombres de Cortés. Los dos contendientes fueron separados cuando ya tenían las espadas en las manos, por lo que Velázquez de León regresó al real de Cortés.

La batalla de Cempoala

El 27 de mayo, cuando se festejaba Pascua, Pánfilo de Narváez movilizó a su ejército, de Cempoala hacia un campo abierto ubicado a 2 km de la capital totonaca. Ocuparon el camino por el que avanzaría Hernán Cortés con sus 230 hombres de a pie. Pasaron horas de espera, soportando a los mosquitos y el calor, hasta que el cielo se nubló y comenzó una intensa lluvia; al atardecer, Narváez hizo volver a sus agotados hombres a Cempoala, sin pensar que los atacarían por lo tarde que era.

Esa noche, Hernán reunió a sus hombres y les dirigió un discurso donde explicó que todos combatían por sus vidas, pues de ser derrotados, serían procesados como traidores. Les habló de los grandes éxitos que habían logrado hasta ese momento y enfatizó la importancia de defender lo que habían obtenido de los hombres de Narváez, «robadores, alborotadores y deservidores del rey» que querían adueñarse de las tierras y de las riquezas, para después difamarlos. Terminó Cortés alentándolos: «más vale morir por buenos que vivir afrentados».

El extremeño organizó a sus hombres y les prometió que al primer soldado que le echara mano a Narváez le daría 3 000 pesos; al segundo, 2 000, y al tercero, 1 000. Las largas picas chinantecas fueron distribuidas entre los hombres.

Los hombres avanzaron en medio de la noche; no tardaron en alcanzar el río que los separaba de Cempoala, donde Narváez había posicionado algunos de sus jinetes, que fueron sorprendidos y no tuvieron más remedio que cabalgar de regreso al real gritando: «¡Al arma, al arma que viene Cortés!». Siguiéndolos con presteza, ocultos por el manto de la noche, avanzaba la vanguardia: el grupo de 60 mozos comandados por Pizarro penetraron en el asentamiento totonaca sin encontrar resistencia hasta que llegaron a la gran plaza, donde se enfrascaron en un duro combate por las 18 piezas de artillería. Fue tan rápido el avance, o fueron muchas las voluntades compradas, que los artilleros solamente pudieron realizar cuatro disparos antes de tener que combatir cuerpo a cuerpo para salvar sus vidas. En ese momento comenzó la lluvia de saetas y dardos desde la cima de los templos, al tiempo que Narváez llamaba a sus capitanes al grito: «¡Al arma, al arma! ¡Santa María, Santa María!».

La columna de Sandoval, la cual venía pisándole los talones a los hombres de Pizarro, subieron por las escalinatas del templo mayor de Cempoala, llevando sus largas picas, y entablaron combate en medio de la oscuridad. No tardaron mucho tiempo en alcanzar la cima donde encontraron a Pánfilo. «¡Santa María váleme, que muerto me han y quebrado un ojo!», se escuchó el rugido de Narváez, a quien le sacaron un ojo con una pica y perdía mucha sangre. Así fue prendido por los hombres de Sandoval mientras prendían fuego al adoratorio que coronaba el templo. El cacique gordo, quien se encontraba en los aposentos improvisados de Narváez resultó herido durante el enfrentamiento. Los gritos de victoria resonaron entre las paredes recubiertas de estuco del recinto ceremonial de Cempoala y a lo largo de la plaza, mientras que el combate arreciaba en los otros templos. Alguien gritó: «¡Victoria, victoria! ¡Viva el rey, viva el rey, y en su real nombre Cortés!».

Hernán ordenó sin éxito que todos los hombres de Narváez dejaran las armas: el combate seguía en lo alto de los templos. Sin embargo, a los pocos minutos cayeron los últimos reductos de resistencia, y todos los capitanes de Narváez, incluido el mal hablado de Salvatierra, fueron capturados. La resistencia se había quebrado y la fortuna seguía favoreciendo al intrépido y maquiavélico de Cortés. Su buena estrella no menguaba.

Comenzó a llover de nuevo, mientras que los hombres de Pánfilo se arremolinaron en torno al estandarte de Cortés, uniéndose a su expedición, ávidos de oro, tierras y gloria. Era eso o pasar meses, o tal vez años, cargados de cadenas como prisioneros. La victoria ocurrió con bajas mínimas: cuatro murieron y hubo varios heridos, mientras que cinco del bando de Narváez fallecieron, de acuerdo con Bernal. Pánfilo, estando apresado, disimuló cuando vio a Cortés después de la batalla; sin embargo, cuando era imposible ignorarlo le dijo: «Señor capitán Cortés, tened en mucho esta victoria que de mí habéis habido y en tener presa a mi persona». La respuesta de Cortés fue: «una de las menores cosas que en la Nueva España he hecho es prenderte y desbaratarte». Por otro lado, sorprende el gesto que tuvo Velázquez de León con Diego Velázquez, el Mozo, con quien estuvo a punto de retarse en duelo a muerte, pues al caer prisionero, cuidó de él, dando la orden de que se curaran sus heridas después de la batalla. Pánfilo y Salvatierra fueron encadenados y llevados a la Villa Rica.

Después de la batalla, Cortés mandó un mensajero a Tenochtitlan. Doce días después regresó con una notica terrible: Pedro de Alvarado y sus hombres estaban sitiados en el palacio de Axayacatl. En este momento entra en escena el misterioso e influyente hidalgo montañés Blas Botello de Puerto de Plata, quien era tenido como agorero. De acuerdo con Francisco de Aguilar, este hombre le advirtió a Cortés, por medio de sus ciencias ocultas, que no detuviera sus pasos por largo tiempo, ya que Alvarado y sus hombres se encontraban en grave peligro: los mexicas les estaban dando guerra.

MASACRE EN EL RECINTO SAGRADO

Mientras Hernán Cortés marchaba a la costa, en Tenochtitlan, entre el 22 y el 23 de mayo, los mexicas festejaban a dos de sus deidades más socorridas: Huitzilopochtli, «el colibrí del sur o zurdo», y Tezcatlipoca, «el espejo humeante». Esto sucedía durante la veintena de *Toxcatl*. Se trataba de la quinta veintena del *Xiuhpohualli* nahua, celebrada del 3 al 22 de mayo, de acuerdo con Sahagún.

Para estos festejos, se reunían los miembros de la nobleza y guerreros destacados y de alto rango para bailar en la plaza frente al Huey Teocalli, teniendo un lugar privilegiado aquellos que habían ayudado por veinte días. También se elaboraba una representación de Huitzilopochtli, «con semblante humano, con toda la apariencia de un hombre», hecha completamente con «semillas de bledos de chicalote» y miel de agave. Con esta masa se recubría toda una estructura de armazones de carrizo que le daban soporte a la escultura del dios. Se le vestía suntuosamente, con estandartes en su espalda, con su escudo, con su nariguera, orejeras, bezote, así como su taparrabo y su tilma. Esta representación se repartía entre los participantes, con el propósito de comer un pedacito de la deidad en un ritual que conocemos con el nombre de *teocualo*, «comerse al dios».

También se sacrificaba en un templo de Chalco a un joven esclavo que había representado al dios Tezcatlipoca durante todo un año, quien era venerado por la población, y a quien se le habían dedicado grandes banquetes y danzas, incluso asignándole cuatro mujeres que a su vez representaban a otras diosas. Por las noches, este bello joven sin mácula tocaba su flauta a través de las calles y acequias vacías de Tenochtitlan, dando a conocer a la población que la deidad los protegía y los cuidaba. En el ritual de sacrificio también participaba un joven mancebo que representaban a otra deidad asociada con Huitzilopochtli: Tlacahuepan.

Miles de personas participaban con gran devoción en estas celebraciones dentro del corazón del recinto sagrado de Tenochtitlan. De acuerdo con Sahagún, «es la carrera, todos van en dirección del patio del templo para ahí bailar el baile del culebrero, la danza llamada toxcachocholoa».

Pedro de Alvarado, junto con aproximadamente 130 hombres (Cortés había enviado desde Tlaxcala a 60 hombres poco fiables para que se sumaran a los setenta que se encontraban con Alvarado) y un número indefinido de tlaxcaltecas, irrumpió en el recinto sagrado. Atravesaron el *coatepantli*, una plataforma de 20 m de ancho por 400 m que delimitaba el espacio sagrado de la urbe. Atacaron por sorpresa; comenzaron con los cerca de 400 danzantes y músicos en la plaza.

Los informantes de Sahagún nos dicen lo siguiente: «cercan a los que bailan, se lanzan al lugar de los atabales, dieron un tajo al que estaba tañendo, le cortaron ambos brazos. Luego lo decapitaron; lejos fue a caer su cabeza cercenada». Arremetieron contra la nobleza, contra los capitanes y campeones militares, acuchillándolos, lanceándolos, causando que sus entrañas cayeran al piso y sus huesos se astillaran.

Los gritos de pánico acallaron la música mientras los tenochcas corrían de un lado al otro tratando de escapar de la masacre. No hallaban dónde ponerse a salvo, pues Alvarado había ordenado que se apostaran guardias en las entradas principales del recinto ceremonial, como en «la puerta del águila», el Acatl Iyacapan y el Tezcacoac. Algunos de los jóvenes corrían desesperados, gravemente heridos, tratando de no tropezar con sus propios intestinos mientras dejaban manchadas las losas con su propia sangre; otros cojeaban al ser heridos en las pantorrillas, los muslos o las piernas. Se escuchó el gritó de un tenochca en medio de la matanza: «Capitanes mexicanos, venid acá. ¡Que todos armados vengan, con sus insignias, con sus escudos y dardos! ¡Venid acá de prisa, corred: muertos son los capitanes, han muerto nuestros guerreros!».

Según Bernal Díaz, Alvarado y sus hombres consideraron que era una excelente oportunidad para despojar de sus joyas a la nobleza mexica, la cual iba completamente desarmada, y aprovecharon el ataque para hacer una demostración de fuerza, imitando las acciones del propio Cortés cuando ordenó la matanza en Cholula. Según el conquistador Vázquez de Tapia, Alvarado atacó porque creyó los rumores tlaxcaltecas que decían que los tenochcas estaban preparando un ataque contra los cristianos y, al terminar su baile, los atacarían y sacrificarían durante la parte álgida de la jornada, para después comérselos. El propio Pedro de Alvarado declaró en el juicio de residencia, en 1529, que había aceptado dar licencia a sus hombres para perpetrar la masacre con el propósito de desbaratar el ataque preparado por los tenochcas para liberar a su gobernante y acabar con ellos, y aseguró que tenían preparadas «grandes ollas donde los cocerían y comerían con ají». Esta información fue confirmada por Alvarado al hacer prisioneros a tres tenochcas, quienes fueron torturados quemándoles el vientre; uno de ellos solo respondía afirmativamente a sus cuestionamientos. Otra posibilidad es que realizaran sacrificios humanos durante la ceremonia a pesar de la prohibición de Cortés.

Mientras se organizaban las milicias mexicas, los castellanos seguían dando estocadas a los hombres y a las mujeres para después revisar sus cuerpos moribundos y quitarles todas las joyas, los jades preciosos, las piezas de oro, plata y ámbar. Hambrientos de oro, saquearon los templos; mientras tanto, la sangre tenochca corría como agua. Momentos después, llegaron desde los diversos barrios mexicas los guerreros armados, lo cual provocó que los castellanos y los tlaxcaltecas se reagruparan para regresar al palacio de Axayacatl, donde se fortificaron.

Durante la retirada, el propio Alvarado resultó herido en la cabeza debido a una pedrada.

El regreso a la capital

Tras vencer a Pánfilo de Narváez y enterarse de la situación de sus hombres en Tenochtitlan, Cortés apresuró todo para regresar. Antes de comenzar su marcha, llegaron cuatro principales de Moctezuma, quienes se quejaron agriamente de la masacre de Pedro de Alvarado. Cortés desestimó lo dicho por los tenochcas, no sin antes enviar un mensajero a Alvarado, ordenándole que por ninguna razón permitiera que Moctezuma quedara libre o sufriera algún daño.

TECOAQUE, DONDE FUERON DEVORADOS

CUANDO CORTÉS SALIÓ DE CEMPOALA rumbo a Tenochtitlan, ordenó que se formara una segunda columna compuesta por 550 individuos para poder llegar más rápido: 50 españoles y 500 aliados indígenas, además de 5 jinetes liderados por Juan Yuste. Muchos iban heridos o enfermos, o sencillamente no era importante que llegaran en la primera oleada, ya que llevaban una gran cantidad de arcones, cofres y petacas llenos de piezas de plata, escrituras y documentos, e incluso la ropa de los castellanos. También iban mujeres, esclavos mulatos, así como indígenas taínos de Cuba.

Después de pasar por Tlaxcala, la columna evitó seguir los pasos de Cortés y atravesó los territorios acolhuas dominados por la ciudad de Texcoco. El 26 de junio, dos días después de que Hernán entrara a Tenochtitlan, esta segunda columna atravesó una amplia meseta salpicada de magueyes, dominada por algunos cerros e interrumpida por algunos barrancos, territorio que pertenecía al señorío acolhua de Sultepec, «el cerro de las codornices», aliado mexica. En aquellos años, la ciudad era un importante centro de comercio, pues se encontraba en una de las rutas más transitadas que iban desde Tenochtitlan hasta las costas del golfo, y por lo mismo, también era un tipo de aduana y una importante zona pulquera.

En la actualidad, existe una magnífica zona arqueológica poco visitada en el ejido de San Marcos Guaquilpan, en el municipio de Calpulalpan, Tlaxcala. Destaca su recinto ceremonial con varios templos, entre los cuales destaca la estructura dedicada al dios del viento, de la creación y de la sabiduría, Ehecatl-Quetzalcoatl.

Estaban a solo una jornada de la capital mexica. Toda tranquilidad se esfumó para los hispanos cuando fueron atacados por una gran cantidad de guerreros de Sultepec que los superaba ampliamente. Los emboscaron al bajar una cuesta; hubo resistencia y combates, pero el resultado fue que todos los miembros de la columna fueron hechos prisioneros.

Las 550 personas fueron llevadas a Sultepec, donde fueron repartidos entre las familias del asentamiento, quienes los alimentaron y vigilaron para que no escaparan. El propósito: irlos sacrificando poco a poco en las festividades dedicadas a distintos dioses a lo largo de las 18 veintenas del año.

Gracias a las exploraciones del arqueólogo Enrique Martínez Vargas y su equipo, sabemos que los acolhuas de Sultepec cercaron el recinto ceremonial de la ciudad con el propósito de aislar este espacio sagrado del espacio habitacional, para poder comenzar con el sacrificio de los integrantes de la columna indo-hispana. Desde junio de 1520 a febrero de 1521, fueron sacrificando a los castellanos, sin importar si eran hombres, mujeres, mulatos, africanos, [illegible], [illegible], tlaxcaltecas y totonacas. La evidencia de estas acciones se puede encontrar en el *tzompantli*, altar de cráneos, que fue recuperado en Sultepec (hoy expuesto en el Museo Nacional de Historia, ubicado en el Castillo de Chapultepec).

Los cadáveres de estos individuos sufrieron diferentes tratamientos *post mortem,* como desmembramiento, decapitación, e incluso fueron expuestos a fuego directo y también hervidos para ser consumidos por los acolhuas en complejos rituales. Los hallazgos del arqueólogo Martínez Vargas son sorprendentes, pues sabemos que también fueron sacrificados caballos, cerdos e incluso gatos, los cuales fueron consumidos.

Por ello este asentamiento es conocido actualmente como Tecoaque, «el lugar donde fueron devorados o consumidos los dioses o señores».

Bernal Díaz comenta que se perdieron «tres cargas de oro». Los arqueólogos encontraron en este sitio alrededor de 400 osamentas enterradas, ocultas, todas pertenecientes a miembros de esta columna, así como también cabezas de caballos cercenadas y colocadas en estacas; botones, bridas, monedas europeas, incluso un camafeo griego.

En febrero de 1521, en vísperas del sitio que el ejército indo-hispano impondría en Mexihco-Tenochtitlan, Cortés mandó al alguacil Gonzalo de Sandoval con 200 jinetes y varios hombres de a pie para «asolar» y castigar a la población de Sultepec, llamado «pueblo morisco» por rebelde. Fue una masacre que terminó con el poblado incendiado y arrasado; solo pocos indígenas lograron salvarse.

Durante estas acciones, Sandoval encontró pintado con carbón en el muro de una casa lo siguiente: «aquí estuvo preso el sin ventura de Juan Yuste». De acuerdo con Bernal, Sandoval también encontró muros manchados con la sangre de los españoles, caras desolladas «y adobados los cueros, como pellejos de guantes, y las tenían con sus barbas puestas y ofrecidas en uno de sus altares», así como cuatro cueros de caballos y sus herraduras; todo en el altar de su templo principal.

MUERTE DE MOCTEZUMA

Durante treinta días, los extenuados castellanos, fortificados dentro del palacio de Axayacatl, fueron atacados por los tenochcas casi a diario. Agotaron sus provisiones, la pólvora y los dardos de sus ballestas. Para disponer de agua potable, dependieron del agua de lluvia y de unos anchos hoyos que cavaron en la tierra.

Cortés llegó a la capital el 24 de junio de 1520, día de San Juan. A pesar de que regresaba como un vencedor, con más del doble de hombres que con los que había salido de la capital mexica (más de 1 000 castellanos y cerca de 3 000 aliados indígenas, en su mayoría tlaxcaltecas), nadie salió a recibirlo ni a darle la bienvenida; la ciudad parecía abandonada. En las acequias no había canoas navegando; las calles estaban vacías.

Aunque ya se encontraban en guerra, los mexicas permitieron la entrada del extremeño con su regimiento. ¿Acaso se trató de una estrategia de los mexicas para tener al alcance de la mano a casi la totalidad de la fuerza invasora, cercada dentro de su propia ciudad-isla para poderlos destruir? Los recién llegados sí fueron recibidos con algarabía por sus hambrientos y cansados compañeros. Cortés le pidió explicaciones a Alvarado, quien le repitió que se había adelantado al ataque tenochca. Cortés le reprochó, muy enojado, «que era muy mal hecho y un gran desatino».

Al saber de su regreso, Moctezuma quiso ver a Cortés para felicitarlo por su gran victoria y para quejarse de la masacre. El extremeño no lo recibió al enterarse de que le había brindado avituallamiento e información a Pánfilo. El Huey Tlahtoani envió a dos de sus principales solicitándole a Cortés que lo fuera a visitar, pero el español contestó: «vaya para perro», que no lo visitaría, pues ni siquiera les daba de comer y tampoco abría los tianguis de la ciudad.

Fue tanta la furia del extremeño que sus capitanes le pidieron que templara su ira, recordándole todo lo que les había dado, desde alimentos y joyas, hasta algunas de sus hijas. Cortés, indignado, les respondió: «¿Qué cumplimiento he yo de tener con un perro que se hacía con Narváez secretamente, y ahora veis que aun de comer no nos dan?». Cortés estaba bajo mucho estrés: había prometido bonanza a los antiguos hombres de Narváez, quería «entregarle a su majestad Carlos I Tenochtitlan sin luchar, y entregar el imperio mexicano como una institución en funcionamiento».[3]

Cortés mandó solicitar a Moctezuma que abriera los mercados para comprar víveres. Este replicó que no sería obedecido por estar en calidad de prisionero ahora que se libraba una guerra entre mexicas y caxtiltecas, pero sugirió que se liberara a uno de los principales, quien tendría la encomienda de abrir los espacios de comercio, los *tianquiztli*. Cortés dio otro paso táctico en falso y aceptó la liberación del hermano menor del Huey Tlahtoani, Cuitlahuac, gobernante de Iztapalapan.

El mismo día de la liberación de Cuitlahuac, alrededor del 25 de junio, Cortés envió a un mensajero a la Villa Rica pensando que la paz estaba por restablecerse, pero de inmediato regresó descalabrado debido a un ataque mexica. Desde el primer momento en que obtuvo su libertad, Cuitlahuatzin trabajó incansablemente para organizar, unificar y liderar la resistencia en la capital a fin de derrotar y expulsar a los invasores. Nunca reabrió los mercados y los ataques mexicas se intensificaron.

Los combates de aquellos días comenzaban con la salida del sol y continuaban durante la noche. Oleadas de guerreros mexicas procedentes de los barrios de Tenochtitlan avanzaban sobre el rompeolas que era el inmenso conjunto palaciego de Axayacatl, cuyas entradas habían sido bloqueadas, apostando también algunos tiros de artillería. El principal objetivo de los mexicas era, a cualquier costo, ingresar y tomar el palacio; incluso trataron,

[3] Como bien lo comenta el académico británico Hugh Thomas.

en repetidas ocasiones, de incendiarlo. Mientras tanto, los castellanos y sus aliados salían para tratar de derrumbar e incendiar las construcciones alrededor del palacio y de la calzada de Tlacopan, pues desde sus azoteas los mexicas les lanzaban «varas tostadas», flechas y gran cantidad de piedras.

• Cuitlahuatzin •

Medio hermano de Motecuhzoma y undécimo hijo del Huey Tlahtoani Axayacatl. Nació a finales de la década de 1460 en Mexihco-Tenochtitlan. Su madre perteneció a la familia reinante de Iztapalapan, por lo que fue nombrado Tlahtoani de dicho señorío. Fue considerado un extraordinario arquitecto, ya que embelleció esta ciudad expandiendo su traza y creando hermosos jardines que tuvieron fama a lo largo de Mesoamérica. También destacó como notable jefe militar y guerrero, alcanzando el cargo de Tlacochcalcatl, el más alto rango militar solo debajo del Huey Tlahtoani.

En septiembre de 1520, cuando tenía alrededor de cincuenta años, fue entronizado como Huey Tlahtoani de Tenochtitlan; desposó a su sobrina Tecuichpoch para legitimar su derecho al trono. En esta ceremonia se sacrificaron a algunos tlaxcaltecas y castellanos capturados durante la llamada Noche Triste. Siempre se opuso a las políticas conciliadoras de su hermano hacia los castellanos, aunque también obedeció los mandatos hasta la muerte de Moctezuma. Cuitlahuac fue una de las víctimas de la epidemia de viruela que azotó a Tenochtitlan. Murió a finales de noviembre o inicios de diciembre de 1520.

El 26 de junio, Cortés ordenó al carpintero Martín López que construyera entre tres y cuatro «ingenios de madera»: torres móviles hechas de madera con algunas saeteras o ventanas que brindarían protección a los arcabuceros y ballesteros cuando combatieran en las calles de la ciudad. Estos ingenios serían transportados sobre los hombros de los tripulantes, y posiblemente contarían con ruedas. Para este propósito, se desmontaron las pesadas vigas de los techos del palacio de Axayacatl.

El miércoles 27 de junio, Cortés pidió a sus lenguas y a fray Bartolomé de Olmedo que hablaran con Moctezuma para convencerlo de calmar a sus súbditos. El abatido Tlahtoani respondió: «¿Qué quiere de mí, Malinche? Que yo no deseo vivir ni oírle, pues en tal estado por su causa mi ventura me ha traído». Aun así, subió a la azotea del palacio acompañado de un piquete de rodeleros; los escuadrones de tenochcas, que en ese momento atacaban el palacio, se quedaron pasmados al verlo y de inmediato reinó el silencio en la gran plaza de Tenochtitlan y en las inmediaciones del recinto ceremonial.

De acuerdo con Bernal Díaz, Moctezuma «les comenzó a hablar con palabras muy amorosas que dejasen la guerra y que nos iríamos de México», refiriéndose a los castellanos. Pidió que los combates acabaran para que los invasores pudieran salir de Tenochtitlan, y que reabrieran los mercados a fin de que pudieran adquirir provisiones para su viaje hacia la costa. Ningún tenochca creía en los castellanos como lo seguía haciendo su líder, y con razón: Cortés no tenía la intención de perder su posición. De inmediato, fue increpado por los guerreros mexicas, quienes ya lo consideraban un hombre cobarde, respondiéndole que habían tomado por líder a Cuitlahuatzin, quien los llevaría a la victoria sobre los invasores. «¡Oh, señor, y nuestro gran señor, y cómo nos pesa de todo vuestro mal y daño, y de vuestros hijos y parientes! Hacémoos saber que ya hemos levantado a vuestro pariente por señor!». Los informantes de Sahagún nos dicen que la respuesta fue la siguiente: «¿Qué es lo que dice ese ruin de Motecuhzoma? ¡Ya no somos sus vasallos!». Después de esta respuesta, el estruendo de guerra fue incrementando y algunos tenochcas lanzaron hacia el desventurado Moctezuma varios proyectiles, dándole tres pedradas en la cabeza, otra en un brazo y una cuarta en una pierna, a pesar de los esfuerzos de los rodeleros españoles que trataban de protegerlo. Las heridas fueron mortales. De acuerdo con la versión de Cortés, «murió de allí en tres días».

Moctezuma, en su lecho de muerte, encomendó a sus hijos y a su supuesto heredero, Chimalpopoca, a Hernán Cortés. De acuerdo con Bernal Díaz, su fallecimiento hizo olvidar viejos enojos a Cortés, pues lloró amargamente su muerte.

De acuerdo con Vázquez de Tapia, el cuerpo del Tlahtoani fue metido en una especie de costal y entregado «a unos indios de los que servían a Montezuma» para que lo incineraran en un lugar llamado Copulco, después de las ceremonias correspondientes. En palabras de los testigos, su cuerpo «hedía muy mal al arder».

Otras versiones

Tanto los informantes de Sahagún como el propio Cortés y Bernal Díaz afirman que el Tlahtoani murió a consecuencia de sus heridas; sin embargo, fray Diego Durán afirma que, si bien Moctezuma fue herido, eso no le causó la muerte, sino cinco puñaladas que los hispanos le dieron en el vientre y pecho. Así encontraron su cuerpo los mexicas cuando lograron entrar al palacio de Axayacatl días después, con grilletes en las piernas y acompañado de otros «principales y señores que juntamente estaban presos en su compañía, todos muertos a puñaladas». La escena se puede apreciar en el Códice Moctezuma, donde aparece el tenochca con una espada o daga clavada en su vientre.

El cronista Alvarado Tezozómoc también afirma en su *Crónica mexicáyotl* que los españoles lo asesinaron. Chimalpahin comenta en sus *Relaciones originales de Chalco-Amaquemecan* que lo estrangularon en la noche. Sin duda, Cortés y sus principales eran capaces de asesinar a Motecuhzomatzin y a los señores prisioneros que le hacían compañía, pues era evidente que el Huey Tlahtoani había perdido todo poder y autoridad, y, por lo tanto, había perdido toda utilidad para los castellanos, volviéndose una pesada loza que nadie quería cargar. Podemos llegar a la misma conclusión que escribió Fernando de Alva Ixtlilxochitl, historiador descendiente de la familia reinante acolhua: para los españoles, Moctezuma fue asesinado por los mexicas, mientras que los naturales afirman que fue asesinado por los españoles, asegurando que Cortés y los suyos una noche le metieron una espada por las partes bajas.

A su vez, el arqueólogo Carlos Javier González afirma que no se puede descartar que el Tlahtoani pidiera a Cortés una «muerte digna, de guerrero» para así alcanzar la Casa del Sol, el Tonatiuh Ichan.

ARDE LA CAPITAL

Mexihco-Tenochtitlan, 28 de junio. Fuego y humo. Gran cantidad de construcciones de la ciudad arden. En los centros de los barrios se realizan incontables piras funerarias donde se incineraban a los guerreros abatidos durante los combates de los últimos días; solo así alcanzarían la Casa del Sol, el destino añorado por todo guerrero y miembro de la nobleza. Gruesas columnas de humo negro suben al cielo.

En el palacio de Axayacatl y su perímetro, los combates continuaron, y eran tantos los guerreros tenochcas que Cortés afirmó que «los artilleros no tenían necesidad de puntería, sino asestar en los escuadrones de los indios»; en otras palabras, simplemente disparan hacia las multitudes. El extremeño narra cómo la metralla de la artillería acababa con diez o doce indígenas, pero de inmediato las líneas se cerraban y el avance y los ataques continuaban. Así, creían que «hacían tan poca mella que ni se parecía que lo sentían».

Los tenochcas intentaron en varias ocasiones prenderle fuego al palacio, buscando que este hiciera salir a sus enemigos. En su segundo intento, los castellanos al mando de Alonso de Ávila atajaron el fuego tirando uno de los muros que acabó con el incendio. Con el pasar de los días, iban multiplicándose las oquedades en el muro perimetral del palacio, donde Cortés y sus lugartenientes colocaban ballesteros y arcabuceros, apoyados con hombres armados con picas para evitar la entrada de los mexicas.

Esa jornada, el maestro Martín López terminó las tres torres que le había encargado Cortés. Fueron tripuladas por 20 hombres y llevadas a las calzadas para el combate. Colocaron las estructuras al pie de las construcciones, para que después, con escalas, los hispanos subieran a las azoteas para desalojarlas e incendiarlas, ya que los mexicas los atacaban terriblemente desde ahí con flechas y dardos. Y esto no cambió cuando los mexicas observaron los pesados y lentos manteletes, pues les lanzaron todo lo que tenían a la mano, incluso trataron de quemarlos, pero los españoles usaron petates húmedos y tierra para sofocar el fuego. Estas construcciones ayudaron a arcabuceros y ballesteros durante los combates, dándoles la protección necesaria para que pudiera recargar sus armas, mientras que rodeleros y piqueros cuidaban sus flancos y cerraban filas protegiéndolos. El conquistador Francisco de Aguilar afirmó: «era tanta la piedra tirada con honda de una vuelta y flechas y varas a manera de dardos, que no había quien lo pudiese sufrir».

El intento realizado por Moctezuma para calmar a las hordas de guerreros tenochas no fue el único. De acuerdo con el propio Cortés, tuvo una entrevista con algunos capitanes, en la cual les rogó que no les hicieran la guerra, a lo que los tenochcas respondieron que se retirara de sus tierras y así «le dejarían de hacer la guerra», y que si no lo hacían, todos sus hombres habrían de morir. Cortés, según sus propias palabras, les pidió que vieran la destrucción que los combates estaban causando en su bella ciudad. La respuesta de los valientes mexicas fue la misma: abandonen la ciudad o encontrarán la muerte, ya sea en los combates o por la falta de agua y alimentos.

Los combates continuaron hasta la noche, cuando los españoles se retiraron a sus aposentos con gran tristeza, mientras que los defensores «cobraron ánimo que casi a las puertas les llegaban».

Durante los cortos momentos de descanso que disfrutaban los caxtiltecas, la guerra era librada en otro frente: el psicológico. Comenzaron a ver terribles apariciones y otras cosas horrendas, como cabezas cercenadas que se reían y saltaban, cadáveres decapitados moviéndose e incluso la aparición de Yohualtepoztli, el famoso espectro conocido como «Hacha Nocturna»: una representación del dios burlón, omnipresente e invisible, Tezcatlipoca, el cual es descrito como un hombre de gran tamaño decapitado, con una gran herida en el pecho, lo que permitía a sus costillas rotas mecerse con el viento, rechinando de manera espantosa. Estas apariciones convocadas por los hechiceros mexicas les robaban el sueño y la tranquilidad a las huestes de Cortés.

Del otro lado, los mexicas dijeron ver a una mujer vestida de blanco, la llamada «Tecleciguata», ¿una advocación de la Virgen María?, la cual les arrojaba tierra a los ojos cegándolos temporalmente. Y la presencia de un castellano montado en un caballo blanco que cargaba contra de los escuadrones mexicas, a quien podemos identificar como Santiago Matamoros.

El hambre empezó a torturar a los españoles y a sus aliados, al grado que Cortés y sus lugartenientes tuvieron que hacerse de la vista gorda ante los actos de canibalismo que realizaban los tlaxcaltecas, ya que asaban partes de los cuerpos de sus enemigos muertos. Durante estos momentos de paz, el maestro Juan, apoyado por dos italianos y otros sanadores, atendía a los heridos con aceite, lana de Escocia y ensalmos, en los cuales participaban algunas de las pocas mujeres castellanas que formaban parte de la expedición, como Isabel Rodrigo y María de Estrada; también aplicaban el famoso «unto de indio» sobre las llagas y las heridas.

Al día siguiente, los combates continuaron con la misma estrategia por parte de los españoles: demoler o incendiar las construcciones aledañas al complejo palaciego de Axayacatl a fin de usar estas piedras y argamasa para cegar las acequias y destruir las fortificaciones mexicas en las grandes avenidas, tratando de limpiar una posible vía de escape de la ciudad.

Para tener una idea de la magnitud que alcanzaba la destrucción del centro de Tenochtitlan, Cortés afirmó que una noche salió a quemar y destruir «trescientas casas», pues había tomado por sorpresa a los tenochcas. Dos hechos destacaron en los combates librados el 29 de junio: el primero fue que los castellanos trataron de tomar algunos de los puentes que se encontraba sobre las cortaduras de la calzada de Tlacopan, hoy la calle de Tacuba y su continuación, Hidalgo. Trataron de cegar estas oquedades con piedras, vigas y ladrillos de adobe de las casas quemadas. Cortés aseguró que cuatro puentes fueron cegados y tomados por sus hombres, apostando hombres para su vigilancia, al menos temporalmente, hasta que se presentaron algunos principales a las afueras del palacio de Axayacatl buscando entablar un diálogo.

Los tenochcas prometieron a Hernán que no se librarían más combates en la ciudad con tal de que partieran hacia la costa. Los mexicas afirmaron que ellos «harían alzar el cerco y tornar a poner los puentes y hacer las calzadas y servirían a vuestra majestad como antes lo hacían». De esta manera, Cortés ordenó a sus hombres que dejaran los cuatro puentes que habían tomado de la calzada de Tlacopan en manos mexicas. La alegría dentro del palacio fue inmensa al saber que finalmente la paz prevalecería y que podrían salvar la vida al abandonar Tenochtitlan.

Sin embargo, Hernán no había terminado de comer ese mismo día cuando le informaron que los mexicas habían retomado los puentes, limpiado las cortaduras y atacado a sus hombres, «matando a ciertos españoles».

El segundo hecho de importancia fue que Hernán Cortés y algunos castellanos tomaron «aquella mezquita grande», el Huey Teocalli de Tenochtitlan, donde se habían hecho fuertes 500 mexicas, llevando con ellos provisiones e incluso pesadas piedras, dardos, flechas y hasta troncos de árboles. Los combates arreciaron a lo largo del coatepantli y de todo el perímetro del recinto ceremonial, al tiempo que el extremeño con una pequeña compañía subía más de 100 escalones del Templo Mayor, mientras les arrojaban de todo, desde flechas hasta piedras.

En este combate, el propio Cortés pidió que le amarraran su rodela o adarga al brazo izquierdo, pues había sufrido un golpe en la mano que le había dejado paralizados dos dedos. Después de grandes esfuerzos, con muchos hombres heridos y algunos muertos, los cristianos alcanzaron la cima del templo, donde continuaron con la matanza de sus defensores. Ninguno de los mexicas escapó. Posteriormente, les prendieron fuego a los adoratorios, lo que representó un fuerte golpe psicológico para los defensores, ya que se trataba del espacio más sagrado de la ciudad, el hogar de su deidad tutelar.

La casa de Huitzilopochtli y Tlaloc ardió, profanada por los invasores. Muchos otros adoratorios del recinto ceremonial sufrieron el mismo destino tras ser saqueados. Para este momento, casi todos los castellanos habían sido heridos, así como muchos de los aliados indígenas, las provisiones se habían agotado y muchos se habían enfermado por tomar el agua turbia que sacaban de hoyos realizados en los patios de su fortaleza. Los ingenios o torres habían sido destruidos o incendiados, mientras que la pólvora y las municiones escaseaban.

Así llegó el momento crítico de Cortés en Tenochtitlan.

LA NOCHE TRISTE

• Blas Botello de Puerto Plata •

Este astrólogo es conocido sobre todo por la predicción de la Noche Triste.

Gracias a Bernal Díaz, sabemos que era un hidalgo que sabía leer y escribir tanto castellano como latín y que «al parecer era muy hombre de bien». Lo llamaban Montañés, por lo que pudo haber nacido en la región de Cantabria, provincia ubicada en el norte de España. Era un hombre importante dentro de la expedición, ya que era dueño de uno de los caballos de la expedición. Blas Botello había estado en Roma, anécdota que parecía tener mucho peso entre la tropa en aquellos años. También «decían que era nigromántico».

Fue un hombre que practicaba ciertas artes ocultas que le permitían adivinar el futuro. Otro punto relevante es que «tenía familiar», lo que podemos traducir como que tenía un pacto con un demonio, con los muertos o con un espíritu en el más allá, para obtener a través de ellos beneficios personales.

Para hacer sus predicciones, Botello llevaba consigo toda su parafernalia de astrólogo guardada en una maleta.

En el desolador panorama de la capital mexica, reapareció el agorero Blas Botello, quien, después de la derrota de Pánfilo de Narváez a manos de Cortés, fue el primer en avisarle a este que en la capital ocurría algo grave. Y auguró que, si no salían todos de la capital mexica antes del 30 de junio, «no quedaría hombre de ellos con vida». Sus palabras se extendieron primero entre la tropa y después entre los lugartenientes de la expedición, quienes se preocuparon y fueron a entrevistarse con Cortés. Sin embargo, este no tenía la intención de abandonar la ciudad. El extremeño perdió la batalla ante sus propios hombres y a regañadientes aceptó que salieran de Tenochtitlan el 30 de junio por la noche para recuperarse.

La noche del 30 de junio de 1520 fue nublada y lluviosa. El ejército aliado que ocupaba el palacio de Axayacatl se preparó para tomar la calzada de Tlacopan —más cercana que la de Iztapalapan y no tan extensa— para escapar de Tenochtitlan. Todos los hombres sabían del riesgo que correrían al atravesar las calzadas rodeadas de agua, pero no había otro camino: o lo intentaban o morían de hambre, enfermedad, cansancio o bajo las armas de los tenochcas.

Se había construido un puente con las vigas del palacio para poder cruzar las cortaduras de los puentes de dicha calzada que los mexicas habían retirado. El oro mexica había sido repartido entre la tropa, llenando sus morrales, colocado entre sus petos y armaduras. Desde su regreso a Tenochtitlan, Cortés había mandado fundir todo el tesoro del padre de Moctezuma en tejos para mayor movilidad. De acuerdo con Bernal Díaz, los antiguos hombres de Narváez fueron quienes se llevaron más oro, preocupados por satisfacer su codicia antes que salvarse, mientras que los veteranos de la expedición fueron más prudentes, sabiendo del duro combate que estaban por librar.

En la vanguardia de la larga columna, iban Gonzalo de Sandoval, Diego de Ordaz, Francisco de Saucedo y Francisco de Lugo, comandando a 20 jinetes y 200 hispanos, y llevando el puente portátil realizado por el carpintero Martín López.

En el centro iba Hernán Cortés, Alonso de Ávila y Cristóbal de Olid, «con cien mancebos sueltos para que fuesen entre medias y acudiesen a la parte que más conveniese pelear». En este contingente, iban los hijos del difunto Moctezuma, entre ellos, Chimalpopoca, doña Marina, doña Luisa

Xicotencatl, la amante de Pedro de Alvarado, doña Elvira, hija de Maxixcatzin y amante de Velázquez de León, así como las mujeres castellanas. Este grupo iba custodiado por algunos rodeleros, 300 tlaxcaltecas y pasos atrás las naborías, indígenas de la servidumbre y algunas mujeres castellanas.

La retaguardia estuvo a cargo de Pedro de Alvarado y Juan Velázquez de León, quien era responsable del oro que iba en bestias y otra parte que llevaban cargueros, vigilados por los mozos de Cortés, entre ellos Cristóbal de Guzmán.

En la noche, cuando salieron, no había nadie en las calles, solo niebla y llovizna. El avance fue con temor, frío y un cansancio de días de batallas. Muchos marchaban elevando plegarias a los cielos, sujetando entre sus manos crucifijos, escapularios o estampas religiosas. El cronista y soldado Bernal escribió que esa noche «hacía algo obscuro y hacia niebla y lloviznaba». Poco antes de medianoche, la vanguardia comandada por Gonzalo de Sandoval salió del complejo palaciego marchando al poniente, en una completa obscuridad que solamente se veía interrumpida por los destellos de los relámpagos.

Debían cruzar seis cortaduras. Partiendo desde el recinto ceremonial hacia Popotla, eran Tecpantzinco, Tzapotlan, Atenchicalco, Mixcoatechialtitlan, Tlaltecayocan, también conocida como el Puente de los Toltecas y, por último, Petlacalco. De acuerdo con el propio Cortés, los hispanos y tlaxcaltecas habían logrado retener el control de las primeras cuatro cortaduras, resistiendo embates tenochcas. Cruzaron sin contratiempos estos cuatro puntos.

Cuando la retaguardia salió del palacio, un grito rompió el silencio que reinaba en Tenochtitlan, disipando la neblina que cubría la ciudad con su manto blancuzco. De acuerdo con los informantes de Sahagún, se trataba de una mujer que había salido de su casa a llenar sus cántaros de agua: «¡Andad hacia acá: ya se van, ya van traspasando los canales vuestros enemigos! ¡Se van a escondidas!». Luego los sacerdotes gritaron: «¡Guerreros, capitanes, mexicanos! ¡Se van nuestros enemigos! ¡Venid a perseguirlos!».

Comenzó la persecución. Los tenochcas llevaban antorchas de ocote para alumbrar su camino. Remaban afanosos los guerreros de todos los barrios, Atlampa, Aztacalco, Chichimecapan, Teocaltitlan, Tlacocomulco, dando gritos de guerra y soplando las caracolas. Los que iban en canoas se concentraron entre la quinta y cuarta cortadura para detener el escape hispano. Los que iban a pie comenzaron a atacar la retaguardia; los castellanos estaban siendo rodeados.

La peor pesadilla de los hispanos y los tlaxcaltecas se había tornado una realidad, sus miedos se habían materializado. A sus espaldas escucharon los gritos de guerra de los escuadrones mexicas que atacaban su retaguardia. El combate comenzó desde la distancia, con dardos, flechas y piedras. No había a dónde correr.

Los proyectiles causaron importantes bajas. Trataban de capturar a los invasores arrastrándolos a las canoas. Durante estos forcejeos y combates, muchos españoles cayeron a las oscuras aguas del lago de Texcoco y se ahogaron debido a todo el peso que llevaban. Sin duda, muchos castellanos cumplieron su objetivo de «morir cargados de oro». Los hispanos y tlaxcaltecas combatieron con gallardía, pero todo fue caos y muerte.

Cuando los aliados alcanzaron la quinta cortadura, el Canal de los Toltecas, su peor pesadilla se volvió realidad: los mexicas les retiraron el puente de madera o simplemente fue destruido, «fue como si se derrumbaran, como si desde un cerro se despeñaran, todos ahí se arrojaron, se dejaron ir al precipicio». Se desató el pánico, comenzaron a empujarse y a tratar de salvar la vida por cualquier medio. Quienes iban atrás no sabían que no había forma de cruzar y hacían todo lo posible para que los hombres siguieran avanzando, sin darse cuenta de que al empujar estaban arrojando a las aguas a decenas de compañeros.

Poco a poco la cortadura fue cegada con los cuerpos, las piezas de artillería, las espadas, las rodelas y los cuerpos de los caballos, por lo que los miembros de la retaguardia lograron cruzarla, caminando literalmente sobre los muertos, mientras que el ataque mexica se intensificaba.

La vanguardia logró sortear la última cortadura de Petlacalco, alcanzando la población de Popotla, mientras que la retaguardia perdía a más de la mitad de sus integrantes al ver su avance obstaculizado en la quinta cortadura. En ese ataque murieron Juan Velázquez de León y su amante doña Elvira Maxixcatzin; Cristóbal de Guzmán, el niño de la expedición; el paje Orteguilla y su padre, así como el agorero Blas Botello.

A decir de Bernal: «el astrólogo Botello no aprovechó su astrología, que también murió con su caballo». Esto se sabe ya que después de la retirada de Tenochtitlan, algunos castellanos encontraron la petaca de Blas en cuyo interior encontraron una especie de libro o manuscrito donde se podía leer lo siguiente: «Si me he de morir aquí en esta triste guerra en poder de estos perros indios». También encontraron escrito «con cifras y rayas y apuntamientos: Sí morirás». Y en otra línea: «No morirás», y después: «Si me han de matar, también a mi caballo»; y finalmente concluía: «Si matarán». Dentro de la misma petaca encontraron un talismán con forma fálica del largo de un jeme, alrededor de 12 centímetros, hecho de baldés, una especie de piel curtida de oveja rellena de borra de lana. Largo se ha especulado que tipo de artes ocultas practicaba Blas pues se han mencionado que se trataba de una especie de kabbala o kabbalah, lo que evidenciaría que este agorero era un judío converso, un rejudaizante o cristiano nuevo.

Chimalpopoca, el hijo de Motecuhzoma, también murió durante la Batalla de los Puentes, traspasado por un dardo de ballesta de acuerdo con la crónica de Sahagún. El tesoro, incluido el quinto real que iba custodiado por Velázquez de León, se perdió para siempre.

Con el paso de las horas, la calzada quedó tapizada de cadáveres de caballos, yeguas, hombres y mujeres, tlaxcaltecas e indígenas taínos. Cortés, al percatarse de que nadie más llegaba a Popotla, decidió regresar con algunos jinetes a la quinta cortadura para apoyar a los retrasados; sin embargo, no llegó muy lejos, pues se encontró con Pedro de Alvarado, «bien herido, a pie, con una lanza en la mano», acompañado de cuatro hispanos y ocho tlaxcaltecas; era todo lo que quedaba de la columna aliada. Posiblemente Alvarado sorteó la cortadura usando una viga de madera o caminando sobre los muertos apilados y no usando una lanza como garrocha como lo dice el mito histórico.

Cuando Alvarado le compartió a Cortés que Velázquez de León y el resto de los hombres de la retaguardia habían muerto, se le salieron las lágrimas de los ojos, acción que daría nombre al hecho: la Noche Triste. Varias fuentes del siglo XVI comentan que Cortés lloró de tristeza por la pérdida de tantos amigos y compañeros de armas, así como por la derrota sufrida y la pérdida del oro mexica, pero ninguna de ellas menciona que el extremeño llorara debajo de un árbol, específicamente de un ahuehuete.

Posteriormente preguntó por doña Marina y Gerónimo de Aguilar, puesto que necesitaría sus conocimientos para sus futuros planes. Le notificaron que ambos habían sobrevivido; esta noticia le dio una gran alegría. De la misma manera, cuando Cortés se enteró de que el carpintero Martín López había sobrevivido, «holgóse mucho, porque era el que había de hacer los bergantines para volver sobre Tenochtitlan».

Cortés, en medio de la derrota, hacia planes para retornar y conquistar la capital mexica. La mayoría de los lugartenientes de la expedición habían sobrevivido, así como doña Luisa Xicotencatl y María de Estrada, quien combatió con espada y rodela en mano durante la retirada.

Esa madrugada los sobrevivientes avanzaron desde Popotla hasta Tlacopan (hoy Tacuba). El caos y la confusión reinaba entre los castellanos y los aliados tlaxcaltecas, pues se arremolinaban en todas direcciones evidenciando la falta de mando. Cortés se encontraba ausente, abatido por la derrota, con una voz no lo suficientemente fuerte para hacerse escuchar sobre la confusión generalizada. Las bajas, de acuerdo con el propio Hernán Cortés, fueron de 150 castellanos, 2 000 aliados indígenas y 45 equinos, aunque Bernal Díaz del Castillo menciona que, desde la retirada de Tenochtitlan hasta el regreso a Tlaxcala el 8 de julio, las pérdidas ascendieron a 860 castellanos y varios miles de indígenas, posiblemente más de 2 000.

Sabemos gracias a varios testimonios —Cervantes de Salazar, Torquemada y Francisco de Aguilar— que un grupo de hispanos, entre 100 y 400, al ver que les sería imposible avanzar y sortear la quinta cortadura, regresaron a Tenochtitlan, haciéndose fuertes en la cima del Templo Mayor, donde vendieron caras sus vidas, aunque eventualmente fueron capturados y ofrecidos a los dioses.

Regreso de Hernán Cortés a Tlaxcala después de la Noche Triste

30 de junio de 1520

1. Tlacopan (Tacuba); **2.** Los Remedios; **3.** Teocualmeyacan;
4. Tepozotlan; **5.** Citlatepec; **6.** Xoloc; **7.** Otumba;
8. Apan; **9.** Hueyotlipan (9 de julio de 1520);
10. Tlaxcala.

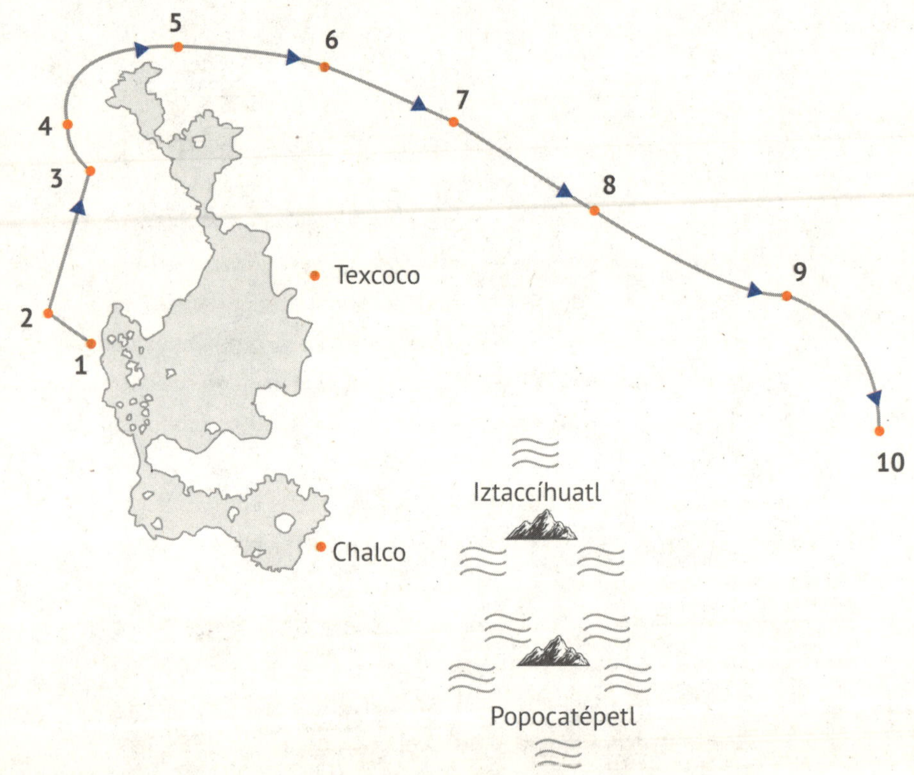

RETIRADA Y BATALLA EN OTUMBA

Los castellanos y sus aliados indígenas salieron de Tlacopan el 1 de julio de 1520, guiados por algunos tlaxcaltecas. Durante esta huida, los españoles fueron acosados y hostigados por guerreros tenochcas de manera constante pero desorganizada, pues nunca se presentó un ejército considerable para cerrarles el paso y exterminarlos. Así, bordearon el lago de Texcuco hacia el centro religioso otomí, Otoncalpulco, donde pudieron refugiarse gracias a su ubicación en la cima de un cerro. En este lugar es donde años después se fundaría el santuario dedicado a la Virgen de los Remedios, ubicado en el actual Naucalpan.

En Otoncalpulco los visitó, con comida, el gobernante de la población de Teocalhueyacan y los invitó a su poblado. Antes del amanecer, los hispanos avanzaron hasta dicha población, donde fueron agasajados; como eran un grupo otomí, muchos indígenas que acompañaban a Cortés, procedentes de Tlaxcala, resultaron ser sus «parientes». El gobernante, como muchos antes, se quejó ante el extremeño de las cargas tributarias impuestas por Moctezuma —sin saber que ya estaba muerto—, a lo que Cortés contestó, con la ayuda de doña Marina, que no tuvieran pena, ya que en poco tiempo regresaría a «darle su merecido» a los mexicas.

• La Virgen conquistadora •

En 1540, un indígena de nombre Juan Tovar o Juan del Águila, siguiendo algunas señales celestiales, encontró debajo de un maguey la escultura de una virgen. Ahí se fundó un templo dedicado a Nuestra Señora de la Victoria.

Dicha figura fue traída por el conquistador Juan Rodríguez Villafuerte, a quien se la regaló su hermano sacerdote. La pequeña escultura se volvió un objeto de veneración dentro de la tropa de Cortés; estuvo presente en las misas oficiadas por fray Bartolomé de Olmedo y el capellán Juan Díaz, y también fue colocada en uno de los adoratorios del Templo Mayor de Tenochtitlan cuando Cortés decidió derribar a los ídolos. Cuando los castellanos eran perseguidos por las gavillas de mexicas, Juan Rodríguez decidió esconderla debajo de un maguey para evitar que fuera capturada, profanada y destruida.

Cortés siempre la llamó Nuestra Señora de los Remedios, a pesar de que se le ha llamado Virgen Generala, Virgen Conquistadora y Nuestra Señora del Socorro. La pequeña estatuilla sigue siendo venerada hasta la actualidad.

Al siguiente día pasaron por una pequeña población nahua de nombre Calacoayan, la cual pudieron saquear e incendiar, matando a algunos de sus pobladores. Bernal menciona que la columna de sobrevivientes avanzó por un «pueblo grande que se dice Gualtitán» (Cuautitlán en la actualidad), donde resistieron otro de los ataques a distancia que les hacían sus perseguidores mexicas. En estas escaramuzas murieron dos castellanos y un caballo.

Luego siguieron su avance ahora rumbo Tepotzotlán, ciudad que encontraron abandonada. Descansaron algunas horas y comieron las provisiones que llevaban y lo que encontraron ahí. Salieron rumbo a Citlaltepec (San Juan Zitlaltepec, al norte del lago de Zumpango) que también encontraron abandonada y saquearon. Llegaron a Xoloc (San Lucas Xolox) donde no encontraron ni amigos ni enemigos, sino calles, casas y templos vacíos; antes del amanecer reemprendieron la marcha.

Para ese momento, el ejército de Cortés estaba conformado por 340 soldados, casi todos heridos, 27 jinetes y algunos cientos de indígenas aliados. Habían pasado seis días desde que habían abandonado Tenochtitlan y sobrevivido.

El viernes 6 de julio avanzaron cerca de 30 km hasta el cerro cónico de Aztaquemecan, pasando al norte de la antigua ciudad de Teotihuacan, donde, de acuerdo con los relatos nahuas, los dioses se habían congregado para crear el Quinto Sol. El recinto llevaba siglos abandonado, por lo que sus gigantescos templos se hallaban cubiertos con sedimentos y vegetación, lo que los hacía parecer cerros.

Los hispanos llegaron a Zacamulco, poblado en las faldas del Aztaquemecan, que también estaba vacío. Un grupo de aliados se quedó en la población, otro subió el cerro para utilizar como puesto de vigilancia el templo de origen otomí que lo coronaba; Cortés y algunos jinetes y rodeleros exploraron la zona. Súbitamente, una robusta formación de guerreros indígenas los atajó y comenzó a atacarlos con proyectiles. Una piedra impacto a Cortés en la cabeza, dejándole una herida que —según cronistas de la época— resultó en una fractura de cráneo que le causaba desvanecimientos. Regresaron a Zacamulco, donde se fortificaron con el resto de la tropa y resistieron, sin más bajas que un caballo, que terminaron comiéndose los hambrientos castellanos.

Al amanecer del sábado 7 de julio, los aliados siguieron su marcha hacia Tlaxcala. Para ello debían atravesar la gran llanura donde se encontraba la población de Otumba, «lugar de otomíes». Avanzaron y a corta distancia un nutrido ejército se encontraba esperándolos. De acuerdo con la información de los testigos, eran tal la cantidad de guerreros indígenas, bien armados y vestidos de blanco, que cubrían la llanura, los campos, y cerros aledaños, por lo que el paisaje parecía nevado.

Posiblemente no se trataba de un ejército mexica, sino de los señoríos aliados y tributarios de Tenochtitlan de la zona, como Calpulalpan, Teotihuacan, Otumba, Xaltocan y Acolman, así como guerreros acolhuas de Texcoco. Al parecer estos señoríos cumplían órdenes provenientes de Tenochtitlan, las cuales consistían en cerrarle el paso a los caxtiltecas e impedirles que llegaran a Tlaxcala.

De acuerdo con Francisco Aguilar, a Hernán Cortés los ojos se le nublaron de lágrimas, pues sabía que eran escasas las probabilidades de salir victoriosos de dicha batalla: sus hombres estaban maltrechos; la gran mayoría, heridos y hambrientos, y el enemigo los superaba ampliamente. El conquistador Andrés de Tapia comentó «que se admiraba de ver tanta gente junta porque la vista no podía alcanzar, pero algunas partes donde se extendía el llano, de ver el cabo de las gentes de los enemigos», afirmando que con tanta gritería y alaridos parecía que se rompía el suelo. Estaban perdidos y todos morirían o serían capturados. Aun así, les dirigió unas palabras a sus hombres, afirmándoles que la Virgen María, san Pedro y Santiago estaban de su lado, y que era mejor morir combatiendo como valientes que como cobardes. Los hombres, entonces, se encomendaron a Dios y a la Virgen «muy de corazón e invocando el nombre de Señor Santiago».

El combate inició con el arrebato de los jinetes contra los densos escuadrones acolhuas, agrupados en grupos de 5, seguidos por la infantería comandada por Diego de Ordaz, formados en una línea compacta, rodela con rodela, dando cuchilladas y estocadas. Los jinetes avanzaron a media rienda, apuntando sus lanzas a los rostros de los indígenas, buscando causar desorden entre ellos, así como impedir que la infantería fuera completamente rodeada. De inmediato, flechas y dardos volaron por el aire. Los castellanos combatían con desesperación abatiendo a sus enemigos con sus espadas y dagas, para inmediatamente ver cómo eran remplazados por uno o dos combatientes. El cronista y soldado Bernal comenta que los perros de guerra, mastines y alanos, destacaron esa jornada, atacando con furia las piernas y brazos de los enemigos.

El avance de las tropas de a pie fue frenado y fueron rodeadas por multitudes enemigas: poco a poco fueron forzados a formar un círculo defensivo, con los piqueros en primera línea. Entretanto, los escuadrones de jinetes aprovechaban la llanura para atacar, deshaciendo sus formaciones, sembrando desorden, pero nada era suficiente para ganar.

Cuando el cansancio comenzó a hacer mella entre los jinetes y sus monturas después de horas de recorrer el campo de batalla, Cortés localizó a la distancia al capitán general de las huestes indígenas, quien iba transportado en un palanquín. El extremeño ordenó a varios jinetes que lo acompañaban —posiblemente siete— «¡Ea, señores! Rompamos por ellos y que no quede ninguno de ellos sin herida». Juan de Salamanca, montado en una yegua, alcanzó al capitán enemigo de nombre Matlazincatzin o Cihuacatzin, propinándole una lanzada mortal, para después apearse, recoger el estandarte del muerto y entregárselo a Cortés.

• La Conquistadora •

Gracias al cronista tlaxcalteca Muñoz Camargo, sabemos que en esta batalla destacó la asturiana María de Estrada, quien armada con una adarga y una lanza sobre el lomo de un caballo combatió «como si fuera uno de los más valerosos hombres del mundo», causando asombro y respeto entre los otros jinetes.

Le decían «La Vieja», porque se unió al ejército de Cortés alrededor de los 35-40 años y había decidido acompañar a su marido durante la expedición, Pedro Sánchez Farfán; antes de eso había participado en la conquista de Cuba. Sin embargo, su valentía y arrojo fueron tales que incluso llegó a ser representada en el *Lienzo de Tlaxcala* junto al extremeño, así como a ser parte de los fundadores de la ciudad de Puebla.

A partir de esta muerte, las fuerzas del bando enemigo comenzaron a menguar y algunos escuadrones comenzaron a retirarse. Los guerreros tlaxcaltecas, quienes «estaban hechos unos leones, con sus espadas y montantes», aprovecharon el momento para romper la cerrada formación y perseguir a sus enemigos, dando gritos de victoria de la misma forma que los castellanos. El capitán tlaxcalteca de la cabecera de Ocotelulco, Calmecahua, destacó por su valor y arrojo.

Los jinetes regresaron con la infantería llevando el estandarte enemigo, descrito como una especie de red dorada, dando gritos de victoria y con grandes sonrisas en sus rostros, olvidando momentáneamente el hambre y sus heridas. Contrario a todo pronóstico, habían ganado: el camino a Tlaxcala estaba, por fin, libre.

El domingo 8 de julio entraron a territorios aliados alcanzando Hueyotlipan, donde fueron bien recibidos, les dieron de comer y atendieron sus heridas. Tenían sentimientos encontrados: por un lado, júbilo y alegría por haber sobrevivido y haberse llevado la vitoria en Otumba; por otro, el duelo prolongado tras la derrota en la capital. Entretanto, Xicotencatl el Joven al verlos llegar, comenzó a preguntarse si era pertinente mantener aquella alianza

LA VENGANZA DE LOS TEULES

LOS HISPANOS PASARON VEINTIDÓS DÍAS en las cabeceras de Tlaxcala, alimentándose y curando sus heridas. El propio Hernán sufría terribles calenturas y desvanecimientos debido al reciente golpe en la cabeza, por lo que fue atendido «sacándole unos huesos» de la cabeza. Dos de sus dedos de la mano izquierda quedaron inmovilizados.

Llegaron algunos refuerzos: siete hombres inflamados del vientre, «dolientes y flacos» y correspondencia desde la Villa Rica de la Vera Cruz, donde, contrario a lo esperado por Cortés, los totonacas habían apoyado a los castellanos. Cortés pidió en respuesta a estas cartas que le enviaran pólvora, así como bastimentos para ballestas y arcabuces. También mandó solicitar que la tripulación de dos navíos, «que no estaban para navegar», fueran enviados para reforzar su pequeño ejército.

Mientras tanto, Xicotencatl el Joven hacía todo lo posible para destruir la alianza que los tlaxcaltecas tenían con los teules, convocando a sus parientes y familiares, realizando reuniones secretas con algunos capitanes y guerreros de importancia y exponiéndoles sus argumentos sobre por qué debían exterminarlos. Sin embargo, tanto Cortés como los militares de más alto rango de Tlaxcala se enteraron y, con el consentimiento de Xicotencatl el Viejo, mandaron capturar al Joven para que respondiera por sus acciones y para reprenderlo por sus «palabras traicioneras», aunque este mantuvo su convicción.

Llegaron mensajeros desde Tenochtitlan, enviados por el nuevo Huey Tlahtoani, Cuitlahuac, con el propósito de entrevistarse con los principales de Tlaxcallan, cargados de promesas de amistad y con el propósito de forjar una alianza en contra de los españoles. ¡No habría más embargo para Tlaxcallan, ni guerras floridas! Pero rechazaron la propuesta. Cuitlahuac buscaba desesperadamente alianzas en contra de los invasores, por lo que también envió mensajeros al Irecha de los purépechas, con el mismo rechazo como respuesta.

Así pasaron las semanas entre los tlaxcaltecas, y aunque los hombres aún no habían sanado del todo, Cortés decidió ponerlos en pie y comenzar su campaña de venganza contra la Triple Alianza, disipando los pensamientos ociosos o de sedición que podían darse entre sus hombres.

Primer objetivo: Tepeaca, donde habían sido asesinados varios castellanos. La fuerza de ataque: 420 españoles, 17 caballos y 2 000 tlaxcaltecas. Durante el avance, capturaron a unos indígenas de Tepeaca, que Cortés usó como mensajeros, ofreciendo paz con la condición de que expulsaran a la guarnición mexica que estaba ahí; de no ser así, los castigaría «a fuego y sangre y los daría por esclavos». La respuesta de los señores mexicas fue que no quedaría ninguno de los hispanos si atacaban Tepeaca, y que se hartarían con la carne de sus cuerpos. Tras otros intercambios, Cortés atacó a inicios de agosto.

La resistencia Tepeaca fue férrea. Se combatió en Zacatepec y en Acatzingo, ciudades dependientes de Tepeaca, donde las guarniciones mexicas fueron arrasadas. La furia de los guerreros tlaxcaltecas empujó a los defensores hacia las goteras de la ciudad, mientras que los jinetes hispanos flanqueaban la posición mexica, sembrando caos y muerte en las calles. Después de varias horas de combate, el ejército defensor se quebró y la masacre comenzó de manera generalizada. Cortés y otros principales trataron de imponer orden y detener los asesinatos de mujeres y niños, pero los tlaxcaltecas no prestaban oídos a dichas órdenes, dejándose llevar en un frenesí destructor.

Finalmente, Tepeaca se rindió y juró vasallaje a Carlos I. Cortés, sin embargo, quería más: esclavizó a los sobrevivientes y marcó con hierro candente la letra *G* en sus mejillas, *G* de «prisionero de guerra». Muchos de estos prisioneros fueron enviados a Tlaxcala, cargando parte del botín de guerra. En Tepeaca, por su ubicación estratégica, se fundaría la Villa Segura de la Frontera. La devastación continuó en esta región. El extremeño escribió al respecto:

> **como he dicho, esta provincia es muy grande, en obra de veinte días hube pacíficas muchas villas y poblaciones a ella sujetas, y los señores y principales han venido a ofrecer y dar por vasallos de vuestra majestad, y demás de esto, he echado de todas ellas a muchos de los de cúlua que habían venido.**

Entre estas poblaciones también fue saqueada la ciudad de Tecamachalco y otra llamada Cachula. Fue turno del gran señorío fortificado de Quauhquechollan (ubicado en el actual estado de Puebla). Se trataba de una ciudad «cercada de muy fuerte muro de cal y canto, tan alto como cuatro estados de por fuera de la ciudad», que era interrumpida por cuatro entradas. Estando Hernán Cortés en Chalollan, llegaron mensajeros del gobernante de este señorío quejándose de que algunos miembros de la guarnición mexica estaban tomando a sus mujeres y agotando los alimentos de la población, por lo que pedía ayuda para expulsarlos.

Para tal empresa, Cortés mandó a Cristóbal de Olid y a Diego de Ordaz con los caballos disponibles y miles de aliados de Cholula, Huexotzinco y Tlaxcala. Al llegar, se dieron cuenta de que en su interior ya se libraba una batalla entre quienes apoyaban a los mexicas y quienes estaban con los españoles. Los aliados españoles superaron la muralla y se unieron a la refriega. Fue grande la matanza: primero contra los tenochcas, luego contra cualquier persona de la ciudad y después contra cualquiera de afuera. Entonces siguió la población de Izúcar o, como Bernal la llama, Ozúcar. Ambas ciudades acabaron ofreciendo vasallaje al monarca Carlos I a través de su autonombrado representante, Hernán Cortés.

En la Villa Segura de la Frontera, Cortés redactó su *Segunda carta de relación* con fecha del 30 de octubre de 1520. Ahí narró el gran revés que sufrió cuando se ausentó de Tenochtitlan, la batalla de los puentes y la de Otumba, siempre magnificando sus logros y victorias y minimizando los descalabros, las derrotas, la cantidad de hombres que había perdido y, más importante, el gran tesoro de Moctezuma. Lo que buscaba era deslindar responsabilidades por estos descalabros y pérdidas, apuntando a que el principal culpable fue Pánfilo de Narváez, pues su presencia trastocó la paz y el orden.

El contraataque hispano

En aquellos días llegó a las costas del Totonacapan una pequeña embarcación procedente de Cuba, dirigida por Pedro Barba, quien traía correspondencia para Pánfilo de Narváez. En Cuba, el gobernador ignoraba que su lugarteniente había sido derrotado.

Al ser avistada por los hombres de Cortés, Juan Caballero, en compañía de un puñado de hombres, abordó un batel y se dirigieron a la embarcación. Los recién llegados preguntaron cómo iba todo y sobre la victoria de Narváez, a lo que Juan Caballero respondió que Cortés había sido derrotado, huyendo y acompañado solamente de veinte compañeros, y que «Narváez está muy próspero y rico». Los invitaron a descender de su navío y a bajar las provisiones para que entregaran las cartas personalmente a Pánfilo. Ya en tierra, fueron emboscados y tomados prisioneros.

Ya en Tepeaca, Cortés le dio una gran bienvenida y un trato amable a Pedro Barba, pues habían sido amigos en Cuba, nombrándolo capitán de ballesteros.

La misma fórmula, emplear engaños para poder apresarlo, se le aplicó a otro navío de pequeñas dimensiones comandado por Morejón de Lobera. Sus catorce hombres, entre ellos seis ballesteros y una yegua, se sumaron a su ejército con gran alegría. A la expedición se sumaron los hombres del aragonés Miguel Díez de Aux y Francisco Ramírez, ambos provenían de Jamaica. También se sumaron los hombres de Juan de Burgos, provenientes de Castilla, no sin antes haber vendido todas sus mercaderías.

En esos días, Cortés logró sumar a su ejército más de 200 castellanos y alrededor de 45 equinos. Este número continuaría creciendo antes del inicio del sitio de Tenochtitlan. El propio conquistador extremeño mandó un navío a la isla de Jamaica, comandado por Solís de la Huerta, con el propósito de comprar yeguas y caballos, así como otras mercaderías de guerra.

También mandó a la isla de Santo Domingo a uno de sus lugartenientes más aguerridos, Alonso de Ávila, con el propósito de «hacer relación de todo lo acaecido a la Real Audiencia que en ella residía, y a los frailes jerónimos que estaban por gobernadores de todas las islas, que tuviesen por bueno lo que habían hecho en conquistas». En esa relatoría se daban detalles sobre los logros obtenidos, así como de la gran coalición que encabezaban los hispanos, la cual estaba realizando los últimos preparativos para marchar contra los mexicas para sitiarlos; además, se les rogaba a los frailes jerónimos que favorecieran su causa, y que desoyeran las malas palabras que llegaban desde Cuba, llenas de mentiras y de «mala voluntad», cuyo propósito era calumniarlos, ya que solamente eran impulsados por realizar cada día mayores servicios al monarca Carlos I de España y a su madre, la reina Juana. Pedía que hicieran relación de todo esto en Castilla con el propósito de demostrar que su lealtad seguía inquebrantable hacia el monarca y que todas sus acciones habían sido realizadas dentro del marco de la legalidad. Finalmente, para que fueran favorecidos frente a los ataques de don Juan Rodríguez de Fonseca, obispo de Burgos y arzobispo de Rossano, protector y amigo del gobernador Diego Velázquez de Cuéllar.

Durante aquellos días, tratando de evitar que se apostara el oro, Cortés pidió que todos declararan cuánto tenían. Quienes no lo hicieran sufrirían graves penas y se les quitaría todo. La situación se complicó, porque pocos lo declararon, entre ellos oficiales del rey y principales de la expedición, por lo que Hernán hizo pesquisas con el fin de quitárselos «por fuerza que por grado».

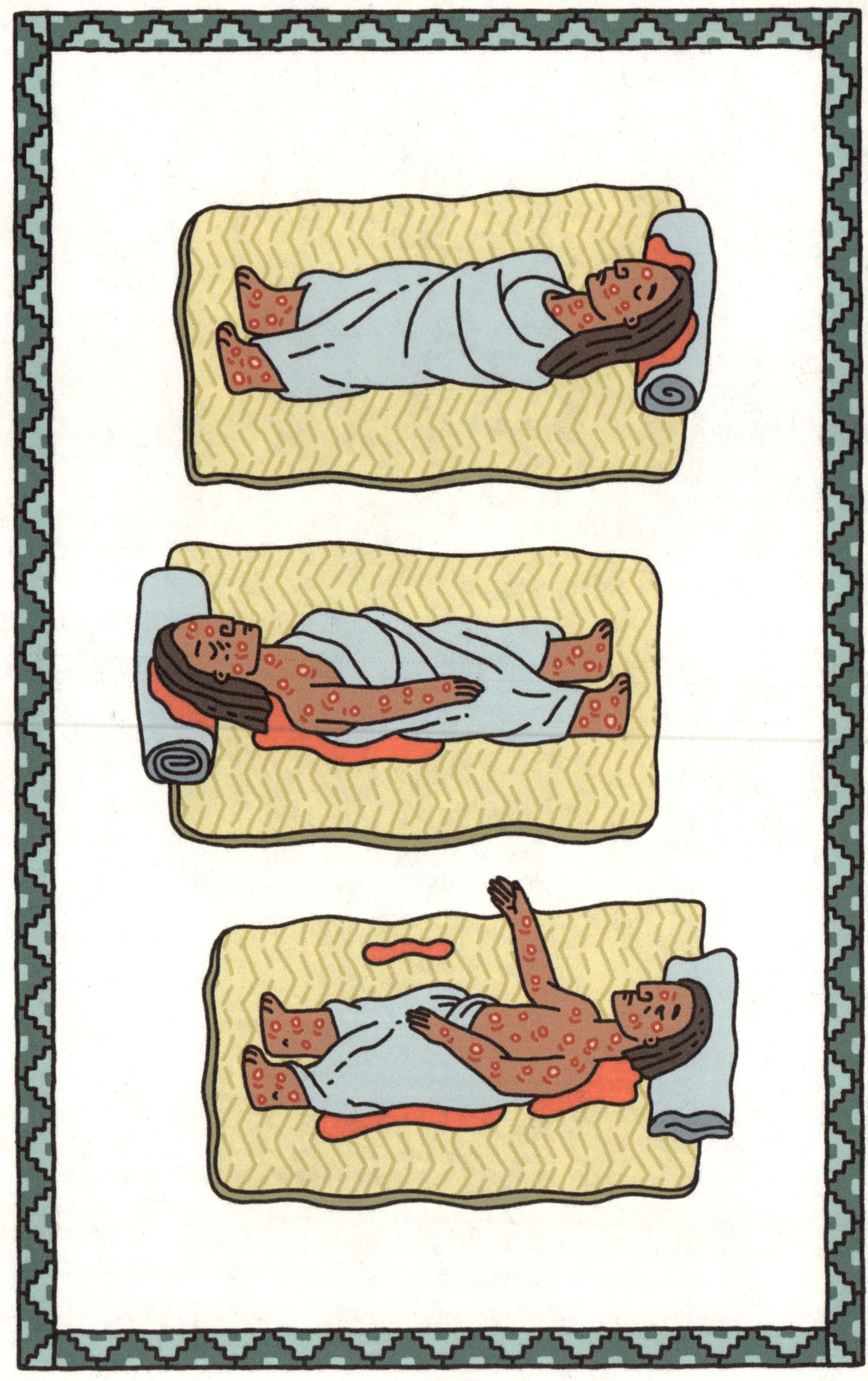

EPIDEMIA

UN NUEVO MAL SE PRESENTÓ EN EL ALTIPLANO CENTRAL, a comienzos de septiembre de 1520, el cual determinaría la conquista de Mexihco-Tenochtitlan. Se trató de la primera gran epidemia importada del Viejo Mundo que llevaría a cientos de miles de indígenas a la tumba: la viruela. Los nahuas la llamaron *huey zahuatl*, que sería «gran lepra» o «grandes pústulas o erupciones», así como *totomoniliztli*, «enfermedad de las ampollas».

La epidemia diezmó a la población de Tenochtitlan por sesenta días, debilitando mucho los esfuerzos por defender la ciudad, encabezados por su recién nombrado Huey Tlahtoani, Cuitlahuatzin. Suárez de Peralta escribió a finales del siglo XVI que la «gran pestilencia» duró sesenta y cinco días, y se atrevió a afirmar que Dios la había enviado para ayudar con la conquista y la evangelización en dichas tierras.

Esta epidemia comenzó entre 1518 y 1519 en la isla La Española (República Dominicana) y en Cuba, y según el oidor Lucas Vázquez de Ayllón, quien llevó la viruela a Mesoamérica fue un esclavo de Pánfilo de Narváez, un africano de nombre Francisco Eguía, a quien consideró el caso cero de la gran epidemia. En aquellos años, a los africanos y afrodescendientes se les asociaba con el pecado y el mal debido al color de su piel, por lo que fueron chivos expiatorios en muchos casos.

De acuerdo con los informantes de Sahagún, cuando los españoles se fueron de Tenochtitlan, «se difundió entre nosotros una gran peste, una enfermedad general». Intensas fiebres, pústulas y vesículas en rostros, cuellos, pies, manos, que llegaban a causar ceguera permanente, inmovilidad y muerte. Aquellos que sobrevivían quedaban cacarañados, con el rostro cacarizo, incluso ciegos.

Las cementeras, los campos de cultivos y las chinampas quedaron abandonadas, y empezó una gran hambruna en las ciudades de la cuenca. «Ya nadie podía andar, nomás estaban acostados, tendidos en su cama. No podía nadie moverse, no podía volver el cuello, no podía hacer movimientos de su cuerpo». Aquellos que cuidaban a los enfermos también se contagiaron.

También se paralizó la actividad comercial, pues muchos pochtecas decidieron postergar la entrada a las populosas ciudades y poblaciones infectadas. De la misma forma, la elaboración de flechas, arcos, hondas y todo tipo de armas se detuvo, así como la movilización de contingentes militares de diferentes zonas. El propio Cuitlahuatzin se enfermó y murió a finales de noviembre o inicios de diciembre. De acuerdo con el historiador Manuel Orozco y Berra, el reinado de Cuitlahuatzin duró solamente ochenta días.

La epidemia no diferenciaba entre bandos ni sexo, y también causó estragos en todo el valle de México y el valle de Puebla-Tlaxcala. Muchos indígenas aliados también murieron a causa de este mal, entre ellos el gobernante de la cabecera de Tlaxcala, Maxixcatzin. Fue tal el impacto que Cortés se vistió de luto por varios días: había perdido a su principal aliado y defensor en Tlaxcala. Algunos españoles se enfermaron de viruela, pero no padecieron los síntomas con la misma intensidad; muchos ya la habían tenido o sus antepasados la habían sobrevivido, por lo que su nivel de resistencia era mayor. Fue durante la decimoquinta veintena, la de *Panquetzaliztli* (19 de noviembre al 8 de diciembre, de acuerdo con Sahagún), cuando se disipó la peste en Tenochtitlan, «fue cuando quedaron limpios de la cara los guerreros mexicanos».

Siempre será difícil calcular la magnitud de esta pandemia, pero se estima que más de la mitad de la población de Mesoamérica en aquellos años se vio afectada o murió por esta enfermedad. La viruela resultó uno de los principales factores que causaron la caída de la Triple Alianza y la derrota de los mexicas. Estaba ocurriendo una unificación bacteriana y virológica en el planeta; el continente que había estado aislado por siglos de la gran masa de tierra que estaba conformada por Asia, Europa y África se unió con consecuencias mortales para su población.

Un nuevo Huey Tlahtoani

Cuauhtemotzin, cuyo nombre se ha traducido como «Águila que desciende» o incluso «Sol que desciende», nació entre 1496 y 1500. Perteneció a la familia gobernante mexica al ser hijo del octavo Huey Tlahtoani mexica, Ahuizotl. Era primo de Moctezuma, ya que sus padres eran hermanos.

Su madre, Tilacápatl, fue hija de Moquihuix, el último Tlahtoani de Tlatelolco, quien murió durante la guerra que libraron los tenochcas en contra de los tlatelolcas en el año de 1473. Alrededor del 1515, gracias a que pertenecía al linaje gobernante, y al destacar en varias campañas militares y ser un diestro guerrero, se le otorgó el cargo de Tlacatécatl, jefe militar de Tlatelolco. Este cargo era uno de muchos asignados por el Huey Tlahtoani de Tenochtitlan para continuar con la dominación de los mexicas tlatelolcas.

Cuauhtemoc siempre se opuso a las políticas de paz que Moctezuma tuvo hacia los españoles. Cuando su primo y su sucesor murieron, Cuauhtemoc tomó la responsabilidad de dirigir la resistencia tenochca frente a la amenaza que se cernía sobre su ciudad. De esta forma comenzó a organizar la defensa, a pesar de la desolación que había causado la viruela, y emprendió una intensa actividad diplomática buscando fortalecer las alianzas que mantenía con varios señoríos, llegando incluso a buscar al Irecha del estado purépecha.

Envió mensajeros a diferentes provincias de la Triple Alianza pidiendo apoyo. Sin embargo, los gobernantes de estas regiones decidieron que lo más prudente era esperar el resultado de la guerra antes de tomar partido, a fin de no sufrir el mismo destino que Tepeaca.

EL PLAN PARA TOMAR TENOCHTITLAN

EN TLAXCALLAN, CORTÉS SE ENFRENTÓ A UN PROBLEMA dentro de la tropa: algunos de sus principales hombres pensaban que significaba un suicidio regresar a Tenochtitlan y que era mejor esperar refuerzos desde Cuba, permaneciendo guarecidos en la Villa Rica de la Vera Cruz. Hernán no se opuso a que partieran estos hombres, ya que sabía que los días que estaban por venir serían muy complicados al sitiar y enfrentar a los mexicas, y lo mejor que podía hacer era tener su espalda bien cuidada evitando conspiraciones y motines entre sus propios hispanos.

De acuerdo con Bernal Díaz del Castillo, durante estos días de tensa calma en las cabeceras de Tlaxcallan, fueron bautizados los cuatro señores principales de Tlaxcala por el fraile mercedario Bartolomé de Olmedo. Los padrinos fueron Cortés, Pedro de Alvarado, Gonzalo de Sandoval, Cristóbal de Olid y Andrés de Tapia, todo esto con «la mayor fiesta que en aquella sazón se pudo hacer en Tlaxcala». Por otro lado, el cronista tlaxcalteca sitúa este bautismo a finales de septiembre de 1519, después de las grandes batallas que libraron los hispanos contra los tlaxcaltecas, cuando aún vivía el señor de Ocotelulco, Maxixcatzin.

Para este momento, el extremeño sabía que no bastaban sus hispanos y caballos, ballestas y arcabuces para sitiar y derrotar a Tenochtitlan. Para lograr la victoria era indispensable el importante el apoyo de decenas de señoríos indígenas, cansados de la opresión de la Triple

Alianza, quienes le proporcionarían los contingentes de decenas de miles de guerreros.

Aun así, la ubicación de la capital mexica, en medio del lago, sí sería un problema. La única forma de derrotar la resistencia sería a través de un largo y desgastante sitio, para asfixiar lentamente a su población al impedir la entrada de alimentos, agua potable y refuerzos militares. Pero antes tendría que derrotar a las ciudades aliadas de la cuenca de México, porque podrían brindar apoyo a los tenochcas o, peor aún, atacar la retaguardia del ejército indo-hispano o sus líneas de suministros.

Arma secreta

Para vencer a la capital mexica no sería suficiente con bloquear y controlar las largas calzadas que la conectaban con tierra firme, sino también tener una superioridad militar sobre las aguas del lago de Texcoco. Para ello, Cortés decidió encomendar la construcción de 13 bergantines: pequeñas embarcaciones de 2 a 4 m de ancho y 11 m de largo —13 m la principal—, con fondo plano, que podrían ser impulsadas tanto por viento como por remeros. Cada uno de ellos tendría una tripulación de 25-30 hombres, teniendo seis remeros por banda, guarnecidos por 12 hombres: la mayoría de los escopeteros y ballesteros quienes se ubicarían en los dos castillos de madera que se elevaban tanto en proa como en popa, donde podrían encontrar cierta protección y mejorar su posición de fuego. En la proa se colocaron pequeñas piezas de artillería que podían causar grandes bajas a sus enemigos.

Si consideramos, como promedio, que 25 españoles fueron destinados a cada uno de los bergantines, obtenemos la cifra total de 325 hombres, del total de 911 con los que contaba durante el sitio, incluidos los jinetes. ¡Más de la tercera parte de sus hispanos! Esta distribución de hombres deja claro la importancia que Cortés le daba a estas embarcaciones en su plan.

Para su construcción, Hernán mandó traer de la Villa Rica de la Vera Cruz clavos, velas, anclas, jarcias, aparejos, estopas y demás pertrechos de los navíos que habían encallado en la costa. El carpintero Martín López se puso a trabajar en las faldas del volcán Matlalcueye (actualmente La Malinche), entre su frondoso bosque, y fue ayudado por 1 000 aliados indígenas.

Incluso se establecieron calderas para hacer brea y la pez, convirtiendo así a toda la región en un gigantesco astillero.

Entre los meses de febrero y marzo de 1521, después de cuatro meses de trabajo, fueron probados y puestos a flote en el río Zahuapan, que en aquellos años era mucho más profundo y amplio, para después ser desarmados y transportados, parte por parte, por miles de *tamemes* hasta Texcoco, la segunda en importancia dentro de la Triple Alianza que había caído en poder de los conquistadores en los últimos días de diciembre de 1520.

Sin embargo, era demasiado peligroso que las 13 embarcaciones permanecieran semanas y semanas flotando sobre las aguas del lago, infestadas de miles de canoas de los tenochcas y sus aliados, quienes podían incendiarlas; fue necesario que se excavara una gran zanja para resguardar los navíos. En esta magna obra trabajaron 8 000 «naturales de las provincias de Acolhuacan y Tezcuco» durante cincuenta días, de acuerdo con Cortés. Las embarcaciones fueron trasladadas a finales de febrero para que el 28 de abril de 1521 estuvieran armadas y listas para participar en el sitio anfibio sobre Mexihco-Tenochtitlan.

Después de la Conquista en 1521, las 13 embarcaciones permanecerían resguardadas en las atarazanas por más de 40 años —de acuerdo con el erudito Francisco Cervantes de Salazar—, al oriente de la Plaza Mayor, cerca del leprosario de San Lázaro, pudriéndose hasta desaparecer.

En la actualidad, en la avenida Juárez, la principal de Texcoco que corre de sur a norte, aún se mantiene en pie un monumento que, de acuerdo con la tradición popular, recuerda el lugar donde se botaron las pequeñas embarcaciones, lugar que fue conocido hasta el siglo XIX como el Puente de los Bergantines: se trata de una sencilla columna de piedra rematada con una cartela que data de 1875.

La marcha a la guerra

En diciembre de 1520, Hernán Cortés y sus lugartenientes decidieron marchar a Texcoco, tercera ciudad de la Triple Alianza, para desde ahí iniciar las operaciones militares para subyugar Tenochtitlan.

Se eligió este punto sobre Chalco debido a su localización, más cercana a la capital mexica, y porque era el mejor sitio para realizar la zanja que protegería a los bergantines. Seguramente también fueron consideradas las razones políticas y simbólicas, porque los hispanos estarían ocupando la segunda ciudad en importancia de la Triple Alianza, transformándola en su base principal de operaciones, por lo que Mexihco-Tenochtitlan comenzaba a quedarse aislada.

Entonces, Hernán Cortés, acompañado de doña Marina, se reunió con los dirigentes de las cabeceras de Tlaxcala para pedirles como apoyo para la guerra un contingente militar de 10 000 guerreros. Huehue Xicotencatl y los otros señores de Tlaxcallan prometieron otorgar la cantidad de hombres requerida, e incluso más guerreros, si lo consideraban necesario. Los gobernantes tlaxcaltecas sabían que había llegado el momento de jugarse el todo por el todo para lograr la victoria sobre los tenochcas, pues de no ser así las consecuencias serían terribles. Al mando de las fuerzas tlaxcaltecas estaría Xicotencatl el Joven y Chichimecatecuhtli.

El 26 de diciembre, «un día después de la Pascua de Navidad del mil quinientos veinte», partió la fuerza conquistadora compuesta por 590 hispanos y miles de aliados, principalmente tlaxcaltecas. Estas cifras cambiarían sustancialmente al iniciar el sitio de Tenochtitlan, con la llegada de los navíos del tesorero real, Julián de Alderete.

Avanzaron por las faldas del Iztaccíhuatl, pasando por el paraje que actualmente lleva el nombre de Río Frío, retirando a su paso las barricadas que habían construido los mexicas y sus aliados, compuestas por gruesos troncos talados y plantas espinosas. Sin muchos contratiempos alcanzaron la cuenca de México. Los castellanos y sus aliados avanzaban con los arcabuces cargados, con gavillas de exploradores que vigilaban sus flancos y que servían como avanzadas, en todo momento temerosos de que pudieran ser atacados.

Pasaron la noche en Coatepec, sin que llegara ninguna emboscada o ataque durante la jornada. Al otro día, después de haber retomado el avance, se presentaron cuatro señores acolhuas afirmando que eran enviados del nuevo Tlahtoani de Texcoco, Coanacoch, quien gozaba de todo el apoyo de Cuauhtemoc. Cortés los recibió en paz, pero les reprochó la masacre de Sultepec, a lo que respondieron que solamente cumplieron con las órdenes de Cuitlahuac, pero que ahora buscaban la paz y que su Tlahtoani pedía «por merced que mandes a todos los tlaxcaltecas y a tus hermanos que no les hagan mal en su tierra»; es decir, que controlara a sus aliados de que no la saquearan. Cortés les advirtió que tendrían que rendir vasallaje al monarca español y dejar de lado su antigua religión, así como los sacrificios humanos. Los principales accedieron a estas peticiones afirmando que serían recibidos en paz tanto en Tezcuco como en los señoríos de Huexotla y Coatlinchan. Los emisarios se integraron a la gran columna que entró a Texcoco el 31 de diciembre de 1520.

La ciudad estaba en silencio, y nadie salió a recibirlos a pesar de las palabras de los emisarios. Mientras Cortés y sus capitanes se alojaban en los suntuosos palacios de Nezahualcoyotl y Nezahualpilli, cientos de canoas tripuladas por miles de guerreros acolhuas, entre ellos el propio Tlahtoani Coanacoch, navegaban por las apacibles aguas del lago de Tezcuco rumbo al poniente, rumbo a Tenochtitlan. Coanacoch y sus guerreros se habían despedido de sus familias, sabiendo que era poco probable que se volvieran a rencontrar, pues habían decidido sumarse a la defensa de Mexihco-Tenochtitlan, aun a costa de su vida. La comitiva que encontraron horas antes solamente buscó ganar tiempo para la partida de los aliados mexicas.

A los pocos días, visitaron Tezcuco los señores de Coatlinchan, Huexotla y Atenco, disculpándose por los agravios del pasado y dispuestos a rendir vasallaje. Cortés los recibió con gran alegría, regocijándose por la situación, ya que poco a poco los tenochcas iban quedando aislados, incluso antes de los combates.

Cuauhtemoc mandó mensajeros a estos tres señoríos, invitándolos a que se unieran nuevamente a la causa mexica. La respuesta de los señores fue capturar a estos mensajeros y entregárselos a Cortés, quien de inmediato ordenó liberarlos y enviarlos de regreso a Tenochtitlan para que le comunicaran al nuevo gobernante tenochca que todas las afrentas del pasado habían quedado en el olvido con la muerte de Cuitlahuatzin. Todos los agravios serían perdonados. También le rogó a Cuauhtemoc que no opusiera resistencia, ya que todo esfuerzo sería inútil, pues día tras día se sumaban más y más señoríos a su ejército.

Pasaron doce días sin una nueva respuesta de Cuauhtemoc. Entonces, Cortés decidió comenzar con las operaciones militares.

LA GUERRA COMIENZA

El primer objetivo de Hernán Cortés fue Iztapalapan. A mediados de enero de 1521, Cortés comandó el primer regimiento, acompañado de Andrés de Tapia y Cristóbal de Olid, una docena de caballos, 20 ballesteros y seis escopeteros, 220 soldados y entre 3 000 y 4 000 guerreros tlaxcaltecas.

De inmediato, los espías mexicas le avisaron a Cuauhtemoc sobre este movimiento, por lo que se despacharon cerca de 8 000 guerreros tenochcas, que llegaron lo más pronto posible a Iztapalapan usando sus canoas. Columnas de humo se elevaron desde varias poblaciones de la cuenca de México, avisando sobre el ataque. La Iztapalapan prehispánica se encontraba construida tanto en tierra como sobre las aguas del lago de Tezcuco, a través de chinampas, como bien lo describe Bernal Díaz, «más de la mitad de las casas edificadas en el agua y la otra mitad en tierra firme».

El combate comenzó alrededor del mediodía. Los escuadrones tlaxcaltecas destacaron matando a quien se interpusiera en su camino, incluso a niños y mujeres. La lucha se generalizó a través de las chinampas, en las azoteas de las casas, alrededor de los jardines y de los palacios. Gran parte de las construcciones fueron incendiadas.

Los combates alcanzaron la calzada de Iztapalapan, donde los mexicas lograron detener las avanzadas de los tlaxcaltecas e hispanos gracias al uso de sus canoas de guerra. Al atardecer, cuando el cansancio ya se hacía sentir entre los combatientes, sorprendió a los castellanos que los mexicas se replegaran hacia sus canoas, retirándose hacia el lago y los carrizales.

Ante la primera victoria, los hispanos y sus aliados se alegraron debido al rico botín que habían obtenido. Sin embargo, conforme anochecía, notaron estupefactos cómo el nivel del agua comenzaba a subir, inundando la otrora hermosa ciudad. El miedo comenzó a cundir entre los hombres, principalmente entre los tlaxcaltecas, quienes no sabían nadar. De inmediato, Andrés de Tapia y Cristóbal de Olid comenzaron a dar voces para que salieran de la ciudad, pues los mexicas habían roto el famoso albarradón de Nezahualcoyotl, construido en el siglo XV con el propósito de defender Tenochtitlan de las inundaciones y para ayudar a la dulcificación de las aguas que la rodeaban. Fue una estratagema cuidadosamente planeada por parte de los tenochcas con el fin de tratar de ahogar a sus enemigos.

De inmediato, «se hinchó todo de agua», mojándose la pólvora y volviéndose inservible. La confusión reinó entre los miembros del ejército indo-hispano, pero lograron retirarse a tiempo sin sufrir grandes bajas, aunque perdieron gran parte del botín que guerra.

Los españoles y sus aliados pasaron la noche a la intemperie, hambrientos, tiritando de frío y completamente mojados, mientras soportaban las burlas de los guerreros de Tenochtitlan e Iztapalapan, quienes incluso les silbaban desde sus canoas y azoteas.

Al día siguiente se reanudó el combate en tierra firme. Los mexicas combatieron con gran fuerza y valor, por lo que los castellanos, viendo imposible frenar los ataques de los nahuas, y superados numéricamente, decidieron que lo mejor era retirarse a Texcoco. De acuerdo con Díaz del Castillo, el primer día habían perdido a dos tlaxcaltecas; y el segundo, a dos hispanos y un caballo, cifras que parecen alejadas de la realidad. La primera batalla había arrojado una victoria para los tenochcas. Sin embargo, el precio que pagaron fue alto: la bella ciudad de Iztapalapan quedó semidestruida e inundada.

Nuevas alianzas

Al siguiente día se presentaron en Texcoco los señores de Tepezcuco, de Otumba y los de Mixquic, pequeña ciudad ubicada al sur del lago de Chalco, nombrada «Venezuela» por los conquistadores. Estos señores se encontraban temerosos, pues estaban enterados de la incursión a Iztapalapan, por lo que deseaban evitar el ataque y la destrucción de sus ciudades a manos de los hispanos. También sabían que los tenochcas no podían garantizarles protección de los ataques del ejército indo-hispano. Los gobernantes de Otumba pidieron disculpas por el ataque que se había concretado en su señorío después de la famosa Noche Triste, argumentando que lo habían concretado debido a las guarniciones mexicas que ocupaban su territorio. Ambos señoríos habían tomado su decisión y apostaron su futuro a la causa que Cortés encabezaba: así se concretó una alianza más.

A los pocos días llegaron embajadores de Chalco con gran secrecía, quienes deseaban unirse a Cortés, pero no podían porque había guarniciones mexicas en su señorío. Los chalcas habían librado una prolongada guerra contra los mexicas durante el reinado de Motecuhzoma Ilhuicamina (1440-1469); sin embargo, fueron derrotados, por lo que se les impuso un fuerte tributo y el establecimiento de guarniciones militares, de modo que existía un gran rencor hacia ellos. Cortés decidió apoyarlos. Así pues, envió a Gonzalo de Sandoval y a Francisco de Lugo con 15 jinetes, 200 hispanos y miles de tlaxcaltecas, y pidió que los de Chalco estuvieran listos para sumarse al ataque y expulsar a los mexicas.

Esta decisión también era estratégica para Cortés, ya que así tendría una ruta segura entre Texcoco y Tlaxcala, sus principales centros de operación. En sus propias palabras:

> **procurase romper y deshacer en todas maneras las guarniciones mexicanas, y que fuese a Chalco y Tlalmanalco porque estuviese en el camino de Tlaxcallan muy desembarazado y pudiesen ir y venir a la Villa Rica sin tener contradicción de los guerreros mexicanos.**

Cuando la columna se dirigía a Chalco, fue atacada por escuadrones de tenochcas, pero Sandoval rechazó, con algunas bajas, a los atacantes, quienes se retiraron en sus canoas. Cuando llegaron a Chalco, los guerreros mexicas salieron a combatir, llevando largas lanzas para atacar a los caballos. La batalla se dio entre magueyales, iniciando con la típica lluvia de dardos, piedras y flechas. Por un momento, Gonzalo, sus castellanos y tlaxcaltecas se vieron superados y rodeados, pero fue en ese momento cuando los guerreros chalcas se unieron a la refriega. Así, ganaron y recibieron a los nuevos aliados, «haciéndoles mucha honra y fiesta».

De esta manera, con escasos combates, los hispanos se habían adueñado de la gran mayoría de los señoríos ubicados en el oriente de la cuenca de México, expulsando las guarniciones mexicas desde Otumba y Acolman, en el norte, hasta Amecameca y Ayotzingo, al sur.

A finales de enero, llegó desde Tlaxcala uno de los miembros de la familia gobernante acolhua que había sobrevivido a la Noche Triste: Tecocoltzin, quien fue bautizado como Fernando, y ahora era nombrado Tlahtoani de Tezcuco por Cortés. Era un gobernante marioneta alineado con los hispanos.

Recordemos que Cacama murió durante la Noche Triste o ejecutado por los hispanos. Dos de sus hermanastros, Cuicuitzcatzin y Tecocoltzin, tuvieron mejor fortuna, pues sobrevivieron de una u otra manera a la gran derrota de los hispanos. El primero llegó a Tezcuco cuando los hispanos se encontraban curando sus heridas en Tlaxcala, dispuesto a reclamar su derecho al trono y pensando que contaba con el apoyo de la nobleza acolhua. Sin embargo, no fue así porque para dicho momento los acolhuas habían elegido como Tlahtoani a uno de sus medios hermanos, quien contaba con el apoyo de Tenochtitlan, Coanacoch. Este último mandó apresar a Cuicuitzcatzin, y lo ejecutó. Finalmente, con la toma de Tezcuco por los hispanos, Coanacoch huyó para apoyar la resistencia tenochca.

Ataque por el oeste

En febrero de 1521, fueron transportados los trece bergantines; como la región de Chalco y Tlalmanalco había sido asegurada, los transportadores y el escuadrón que los resguardaba se movilizaban seguros. Cuando llegaron, fueron recibidos con gran alegría por los miles de aliados indígenas y castellanos; los recién llegados iban dando voces y silbidos, diciendo: «¡Viva, viva el emperador nuestro señor!», «¡Castilla, Castilla!» y «¡Tlaxcallan, Tlaxcallan!».

Cortés recibió con abrazos a los principales tlaxcaltecas que dirigían esta columna, proporcionándoles alimentos y agua. Entretanto, los 8 000 *tlamemes* iban dejando todas las piezas de los bergantines a un costado de la gran zanja en la que trabajaban miles de acolhuas. En tres ocasiones los mexicas trataron de prenderles fuego; sin embargo, no lograron su objetivo, pues se encontraban bien vigilados y resguardados. Durante estas acciones fueron capturados quince tenochcas.

En febrero, Gonzalo de Sandoval fue enviado a castigar al «pueblo morisco» de Sultepec, donde había sido derrotada una columna indo-hispana. De acuerdo con la evidencia arqueológica, la ciudad fue arrasada y abandonada. Díaz del Castillo afirma que los principales de Sultepec y de otras poblaciones aledañas solicitaron su perdón, para después jurar obediencia y vasallaje a su Majestad Carlos I, prometiendo combatir en contra de sus antiguos señores, los mexicas.

Entre febrero y marzo, los escuadrones de varios señoríos aliados se congregaron en Texcoco para preparar el sitio. Ahí se trabajaba arduamente para los combates que estaban por llegar. Se construían fortificaciones y trincheras con ladrillos de adobe y estacas, se ahondaban las cortaduras de las calzadas, almacenaban piedras y dardos sobre los techos de los palacios, templos y casas.

Familias completas trabajaban día y noche elaborando todo tipo de armamento, desde dardos y flechas hasta escudos y macanas incrustadas con filosas lajas de obsidiana y pedernal. De esta forma se producían al por mayor *macuahuitl, tepoztopilli, ichcahuipilli, chimalli, quauhololli, tlahuitolli, atlatl,* y todo tipo de armamento.

Cuauhtemoc, sabiendo que su ciudad podía acabar rodeada y sitiada, hizo acopio de alimentos en Tenochtitlan y Tlatelolco, por lo que una gran cantidad de cargadores llegaban a la capital mexica desde el poniente, provenientes de los señoríos que aún se mantenían leales. La tristeza y la desolación que dejó la viruela y la muerte de Cuitlahuatzin quedaban en el olvido con la frenética actividad que se desarrollaba en la ciudad lacustre.

Miles de mexicas trabajaban en la elaboración de las canoas de guerra, las *yaoacaltin,* al tiempo que los tenochcas clavaban largas y afiladas estacas en el lecho lacustre del lago de Tezcuco, con el propósito de inmovilizar a los bergantines que usarían los caxtiltecas durante el ataque. Los sacerdotes no paraban de punzarse el cuerpo buscando ganarse el favor de las deidades, mientras que se realizaban sacrificios humanos, primero de los prisioneros de guerra, y cuando estos se acabaron, recurrieron a los esclavos. Los agoreros no dejaban pasar la oportunidad de revisar las vísceras de aquellas personas ofrecidas a los dioses, para conocer la voluntad del gran «colibrí del sur».

Así como pasó del lado español, partidas de guerreros de otros señoríos llegaron a Mexihco-Tenochtitlan con el fin de ayudar en la defensa de la capital. A pesar de este gran esfuerzo, los resultados no eran alentadores, ya que poco a poco se iban sumando señoríos a la causa castellana, como Huexotla, Tezcuco, Acolman, Coatlinchan, Chimalhuacan, Amecameca, Chalco, Tlalmanalco, Ayotzinco, Otumba, Atenco, Sultepec, y más.

El nudo sobre la capital

Entonces, Cortés encabezó una columna de 30 jinetes, 250 castellanos y varios miles de tlaxcaltecas, que dirigió al norte de la cuenca, a la ciudad de Xaltocan. ¿La razón? Las repetidas solicitudes de paz que Cortés mandó a la ciudad de Xaltocan, sin tener respuesta. Cuauhtemoc, a su vez, envió guerreros en canoas para apoyar la defensa de esta ciudad. Y los guerreros de Xaltocan, al enterarse de que iban a ser atacados, inundaron la calzada que unía su isla con tierra firme para que los conquistadores no pudieran avanzar por ella. Para aquellos años, la ciudad de Xaltocan se encontraba en una isla entre las aguas del lago que llevaba el mismo nombre. Originalmente fue fundada por otomíes, grupo expulsado por los nahuas.

Al segundo día de combates, dos indígenas de Tepezcuco le avisaron a Cortés que existía un camino alterno para llegar a la isla. Así, tomaron Xaltocan, tras unas horas de enfrentamiento. El botín fue grande. Después continuaron hacia Cuauhtitlan, lugar que encontraron «despoblado de aquel mismo día y alzado el hato». La columna continuó avanzando hacia el sur; llegaron a Tenayocan que también estaba despoblada.

Mientras la columna indo-hispana continuaba su avance hacia el sur, sus pasos eran seguidos por escuadrones de guerreros mexicas que los atacaban a la distancia. La columna continuó su marcha por la ribera oeste de los lagos sin una oposición seria; así, Cortés alcanzó y ocupó la otrora poderosa ciudad tepaneca de Azcapotzalco —además de ser el centro orfebre más importante, también tenía el mercado más grande de esclavos—, que halló deshabitada. Azcapotzalco había extendido su hegemonía sobre toda la cuenca desde el siglo XIV hasta la primera mitad del XV, cuando Tezozomoc derrotó a la dinastía reinante de Acolhuacan, encabezada por el padre de Nezahualcoyotl, Ixtlixochitl Ome Tochtli, quien sería asesinado en el año Cuatro Conejo, 1418.

El siguiente día avanzaron hacia Tlacopan, o Tacuba, donde se habían guarnecido los españoles después de la gran derrota de la Noche Triste. A esta ciudad, a través de Popotla, llegaba una de las más importantes avenidas que unían a la isla-ciudad de Tenochtitlan con tierra firme, por lo que la columna indo-hispana se encontraba peligrosamente cerca de la capital mexica (hora y media de caminata). Cuauhtemoc estaba decidido a pelear para defender Tlacopan hasta las últimas consecuencias debido a su importancia política y su ubicación estratégica. En las goteras de la ciudad, miles de guerreros mexicas esperaban a los castellanos de Don Malinche y sus aliados. De inmediato se trabó un duro combate. Los escuadrones mexicas, en formación cerrada, lanzaron sus proyectiles dificultando el avance de sus enemigos y causando gran cantidad de heridos. Ellos, con valor, soportaron las bajas causadas por las espingardas y las ballestas, cerrando filas de inmediato.

Cortés, acompañado de Pedro de Alvarado y Cristóbal de Olid, atacó con los 30 jinetes, pero fue repelido en varias ocasiones gracias a que los mexicas llevaban largas lanzas de madera con el objetivo de enfrentar a los equinos. Los jinetes fracasaron en romper la formación mexica. Los dos ejércitos chocaron en un combate cuerpo a cuerpo, donde salieron mejor parados los castellanos con sus espadas, dagas y misericordias.

Los mexicas retrocedieron ante «las buenas cuchilladas» de los hispanos; pasaron la noche en Tlacopan, apostando vigías durante la noche, lo mismo que hicieron los castellanos ubicados a las afueras de la ciudad. Al día siguiente la batalla continuó: Cuauhtemoc había enviado escuadrones como refuerzo. Los combates fueron desesperados. Sin embargo, los hombres de Cortés lograron forzar su entrada a Tlacopan, quemando palacios y templos, saqueando mientras la batalla continuaba hasta Popotla.

Los tenochcas decidieron retirarse tácticamente hacia Tenochtitlan por la calzada de Tlacopan. Cortés y sus jinetes, al pensar que habían logrado una gran victoria, los siguieron de manera descuidada y sin el apoyo suficiente. Avanzaron por la calzada, pero tras cierta distancia, los tenochcas regresaron sobre sus pasos y atacaron a los castellanos mientras llegaban cientos de canoas para apoyarlos. Esto puso en jaque al ejército conquistador. Cortés dio la orden de replegarse al ver la gran cantidad de hombres y caballos que estaban siendo heridos, al grado que el alférez de nombre Juan Bolante, quien llevaba el estandarte del ejército, fue herido «malamente», cayendo la insignia en las aguas del lago. Juan, a pesar de estar herido de gravedad, logró rescatar el estandarte de la Virgen María y retirarse hacia Popotla. Un conquistador de nombre Pedro de Ircio se burló de Bolante cuando este perdió el estandarte, diciendo que «había crucificado al hijo y que quería ahogar a la madre», aludiendo a que la familia del alférez era de origen judío.

La columna indo-hispana permaneció durante cinco días en Tlacopan, «teniendo batallas y rencuentros con los mexicas y sus aliados». Luego regresaron a Texcoco sobre sus pasos, donde el extremeño licenció a cientos de guerreros tlaxcaltecas para que regresaran a sus poblaciones, ya que llevaban el botín y los despojos; era evidente que el número de indígenas aliados aumentaba día tras día.

A los pocos días llegaron a Texcoco los principales de Tuzapan, Maxcalzingo y Nautla, ciudades ubicadas en el actual estado de Veracruz, quienes buscaban aliarse con los castellanos.

CAMPAÑAS ALREDEDOR DE LA CAPITAL

Antes de que iniciara el sitio a Tenochtitlan, el gran campo de batalla en contra de los tenochcas fue la región de Chalco, sobre todo por el interés que tuvo Cuauhtemoc en castigar a quienes habían abandonado su causa.

En marzo de 1521, los principales de esta región llegaron por tercera vez pidiendo el socorro de Cortés, quien envió una columna comandada por Gonzalo de Sandoval para pacificar el área. La columna alcanzó Chalco y Tlalmanalco, donde fueron recibidos con alegría y gran cantidad de alimentos, y continuaron hacia Chimalhuacan, buscando la batalla en contra de los mexicas. Durante esta breve campaña, se libraron varios enfrentamientos que ganaron los españoles. Tomaron gran cantidad de indígenas como prisioneros y finalmente regresaron exhaustos, con muchos hombres heridos, a Texcoco.

Cuando Sandoval llegó a Texcoco sangrando de la cabeza debido a una herida, Cuauhtemoc mandó 2 000 canoas con 20 000 guerreros a Chalco, por lo que nuevamente llegaron mensajeros pidiendo ayuda. Díaz del Castillo nos dice: «Cortés no le quiso escuchar a Sandoval de enojo, creyendo que por su culpa o descuido recibían mala obra nuestros amigos los de Chalco; y luego sin más dilación ni oírle le mandó volver». Solo remplazó a los heridos y partió para volver a enfrentarse a los mexicas.

Ese mes también llegó a la Vera Cruz un navío desde España, en el cual iba el primer fraile franciscano en llegar a Mesoamérica, Pedro Melgarejo de

Urrea, y el tesorero real, Julián de Alderete, enviado de su Majestad para recabar la mayor cantidad de oro posible y para ser un contrapeso al liderazgo e influencia de Cortés. Esta acción fue tomada con gran alegría entre los capitanes castellanos: por fin el monarca español evidenciaba su beneplácito al reconocer los logros de Cortés y sus hombres. La batalla de habladurías y palabras en la corte española había terminado con una contundente derrota para el obispo de Burgos, Juan Rodríguez de Fonseca, y su protegido, el gobernador Diego Velázquez de Cuéllar. La victoria había favorecido a los procuradores enviados por el extremeño, Portocarrero y Montejo, a quien también se sumó el propio padre de Cortés, Martín. Con el paso de los meses, Julián de Alderete, quien destacó en la batalla como el gran ballestero que era, se volvería una afilada espina para el conquistador extremeño, contradiciendo y entorpeciendo su actuar, minando su autoridad.

Harto de tener que mandar hombres cada semana a defender la región chalca, Cortés decidió formar una columna con 300 españoles, 30 jinetes, 20 ballesteros, 15 escopeteros y decenas de miles de indígenas para resolver el problema definitivamente. Él mismo dirigió la columna y lo acompañaron Julián de Alderete, Pedro de Alvarado, Cristóbal de Olid y otros lugartenientes. Para este momento, participaban contingentes texcocanos, chalcas, tlaxcaltecas y huexotzincas. Salieron el 5 de abril, llegaron hasta Yautepec, que se encontraba abandonada, y continuaron hasta un paraje donde había un gran peñol en cuya cima se había fortificado una fuerza tenochca. Cortés atacó. Desde la cima los indígenas les dificultaban el avance lanzándoles piedras, flechas y dardos. Muchos aliados de los castellanos murieron desbarrancados, o por terribles heridas en la cabeza o las piernas. Acudieron los ballesteros de Pedro Barba y los arcabuceros, quienes avanzaron con valor y brío, haciendo poco daño a los indígenas. En algún momento del combate, avistaron un segundo contingente enemigo que se hizo presente en el paraje al pie de la gran montaña, por lo que fueron convocados todos los caballos y varios escuadrones de tlaxcaltecas, y se libró la batalla repeliendo a la fuerza de auxilio enemiga. La batalla fue dura y, finalmente, quien derrotó a los defensores de estos peñones fue la sed. Bajaron dispuestos a hacer las paces y jurar obediencia al rey español a través de Hernán Cortés.

Siguieron la marcha hacia la populosa ciudad tlahuica de Cuauhnahuac; Bernal la llamó Cornavaca, y Cortés, Coadnabaced, palabras de donde surge «Cuernavaca». De acuerdo con Cortés: «dentro de ella había mucha gente de guerra y eran tan fuerte el pueblo y cercado de tantos cerros y barrancas» que no se podía tomar. Los tlahuicas habían destruido los puentes de madera que servían de acceso a su ciudad. Con la certeza de que no podían ser atacados, los tlahuicas lanzaban una granizada constante de varas, flechas y piedras sobre el ejército indo-hispano, sin que estos pudieran hacer gran cosa. Pasaron varias horas en esta situación hasta que Cortés se enteró, gracias a un guerrero tlaxcalteca, de la existencia de un peligroso paso montañoso por donde se podría ingresar a Cuauhnahuac. Poco a poco fueron entrando a través de este peligroso camino más y más castellanos y tlaxcaltecas, quienes no se tentaron el corazón, quemando chozas, casas, palacios, así como saqueando y ultrajando. Los tlahuicas promexicas se dispersaron corriendo hacia las cordilleras. Así, los enemigos cayeron sobre la retaguardia y los vencieron. Se presentaron los principales de Cuauhnahuac, dispuestos a aceptar la derrota y argumentando que habían combatido bajo la amenaza de los señores de Mexihco-Tenochtitlan.

Cortés y sus hombres estaban exhaustos, muchos de ellos incluso heridos, y fueron enviados de regreso a Texcoco vía Oaxtepec, ciudad también dominada por los hispanos, y Chalco. También sus aliados tlaxcaltecas, acolhuas y huexotzincas iban cargados del pillaje de las poblaciones derrotadas, por lo que el extremeño decidió regresar a la cuenca de México, pero a través de Xochimilco. No sería la mejor decisión.

La batalla por Xochimilco

Las fuerzas de Cortés avanzaron con dificultades debido al calor y al terreno montañoso de 49 km que separa a Cuauhnahuac de los extensos lagos de Xochimilco, entre pinares y abedules. El inclemente sol quemaba sus rostros y el terreno hacia complicado el traslado del botín de guerra. Surgió una terrible sed entre los hombres y equinos, y a pesar de que varios exploradores fueron enviados en busca de riachuelos o ríos, nada encontraron. Tampoco sabían si encontrarían agua al entrar en la cuenca de México hasta llegar a

Xochimilco. Varios tlaxcaltecas se desmayaron, y murieron de sed un indígena y un castellano «que era viejo y estaba doliente».

Ante semejante situación, Cortés mandó una avanzada de seis jinetes hacia Xochimilco para buscar agua, a la cual se unió un agobiado y sediento Bernal Díaz del Castillo, seguido de sus guerreros tlaxcaltecas, a pesar del riesgo de una emboscada. Llegaron a las goteras de Xochimilco después de horas de avance, donde encontraron «unos caseríos en unas laderas de unas serrezuelas» y grandes cántaros llenos de agua fría. Los jinetes y el propio Bernal se hartaron de beber.

El conquistador y escritor regresó en busca del grueso del ejército, mientras tanto, los jinetes se replegaron, porque de inmediato los lugareños comenzaron a dar gritos y silbidos de alarma ante la presencia hispana. Pronto llegó el grueso del ejército a tomar toda el agua que encontraron, saqueando las chozas y caseríos. Al atardecer, llegó un piquete comandado por Olid para informar a Cortés que a varias horas de marcha habían encontrado agua, así como un pequeño poblado. Afirmaron que no podían llegar a él porque toda la población de la zona se encontraba alzada en armas. La prudencia se impuso en esta jornada y decidieron pasar la noche a las afueras de Xochimilco.

Al otro día se entabló el combate, pues decenas de escuadrones nahuas se hicieron presentes, algunos guerreros portaban «espadas de a dos manos como montantes, hechas de navajas», así como largas lanzas, hondas, lanzadardos, mazas de dura madera, cuchillos de pedernal y arcos. Se combatió dentro de Xochimilco y en una de las calzadas que cruzaba el lago con el mismo nombre. En esos ataques hirieron a Hernán y casi lo capturan cuando su montura de nombre Romo colapsó en el campo de batalla. Los xochimilcas trataron de capturarlo y casi lo logran si no hubiera llegado a su rescate Cristóbal de Olea, quien se abrió paso hasta su capitán dando cuchilladas a diestra y siniestra. Cortés pudo montar a Romo y encaminarse a la retaguardia, ya que sangraba copiosamente de la cabeza.

Al llegar la tarde, cuando las huestes mexicas se retiraron, los hispanos y sus aliados se hicieron fuertes en el centro de Xochimilco, ocupando los cúes y templos y apostando guardias en el perímetro para curar sus heridas, alimentarse y descansar un poco. Sería una noche agitada, puesto que Cuauhtemoc había mandado 2 000 canoas con guerreros y 10 000 por tierra para continuar el combate. En plena oscuridad, cercaron a los conquistadores; en este combate los mexicas ya usaban espadas, lanzas y dagas europeas que había recuperado de las profundidades del lago, después de la Noche Triste, así como yelmos y petos de hierro.

Durante este enfrentamiento, fueron capturados y sacrificados cuatro castellanos; sus cabezas cortadas fueron exhibidas a través de sus poblaciones afirmando que lograrían la victoria sobre los caxtiltecas y los «perros tlaxcaltecas». Del otro bando, también capturaron mexicas, y, al interrogarlos, Cortés se enteró de que Cuauhtemoc estaba preparando otra «gran flota de canoas y muchos más guerreros por tierra». Tenían que salir de ahí.

Al otro día por la mañana, salieron de Xochimilco, no sin antes incendiar la población, al tiempo que avistaban en las aguas del lago miles de canoas mexicas que llegaban para sumarse al combate. Estuvieron tan presionados que Cortés les conminó a que dejaran todo «el fardaje» y el botín para que pudieran combatir con mayor soltura y desembarazados, a lo que los hombres respondieron «que hombres eran para defender nuestra hacienda y personas [...], y que sería gran poquedad si tal hiciésemos». Llegaron Coyohuacan, la cual encontraron deshabitada, y luego a Tacuba, donde continuaron los combates y Hernán Cortés se salvó nuevamente de ser capturado, aunque murieron dos de sus mozos de espuela, Pedro Gallegos y Martín Vendaval —apodado así porque «era algo loco»—, quienes eran sus amigos. Este fue uno de los momentos más dolorosos para el extremeño, pues «venía muy triste y como lloroso».

Ahí, en Tacuba, la tristeza de Cortés inspiró a sus hombres a cantar el siguiente romance:

En Tacuba está Cortés
con su escuadrón esforzado,
triste estaba y muy penoso,
triste y con gran cuidado,
una mano en la mejilla,
y la otra en el costado...

El consejo de guerra que se llevó a cabo esa noche decidió que se regresaría a Texcoco de inmediato. Para ese momento, todos los caballos estaban heridos, ya no había pólvora, los hombres iban cargados por los saqueos realizados y casi todos ellos se encontraban heridos y exhaustos. Por lo tanto, avanzaron hacia Azcapotzalco, para después continuar por Tenayocan y Cuautitlán hasta llegar a Acolman, donde fueron recibidos por Gonzalo de Sandoval y el señor de Tezcuco.

CONSPIRADORES

El asesinato de Hernán Cortés se planeó para ejecutarse dos días después de su llegada a Texcoco, cuando estuviera sentado comiendo en compañía de sus capitanes. Lo apuñalarían mientras leía una supuesta carta sellada de su padre Martín, traída en un navío que había llegado recientemente a la Villa Rica de la Vera Cruz. También se tendrían que eliminar a sus hombres de confianza: Pedro de Alvarado, Francisco de Lugo, Andrés de Tapia, Cristóbal de Olid y su siempre leal Gonzalo de Sandoval.

La conspiración fue planeada por un gran amigo del gobernador de Cuba, Diego Velázquez, el cual había llegado en la expedición de Pánfilo de Narváez: Antonio de Villafaña. La lista de conjurados incluía a más de 300 hombres. De acuerdo con las investigaciones realizadas por Cervantes de Salazar, quien inició la conspiración fue el mismísimo tesorero real, Julián de Alderete, aprovechando la oportunidad para eliminar al extremeño y sustituirlo por un tal Francisco Verdugo.

Sin embargo, uno de los involucrados corrió a delatar la conspiración el mismo día en que se iba a eliminar a Cortés. De inmediato, el extremeño arrestó a Villafaña y a algunos de sus acompañantes; el resto salió corriendo, pero también fue apresado.

A Antonio de Villafaña se le hizo un juicio sumario y fue ejecutado horas después de confesar su participación en la conspiración. Lo colgaron de la ventana del aposento donde vivía, después de confesarse con el padre

Juan Díaz, sin decir ni un solo nombre de los otros conspiradores. Aunque luego encontraron una larga lista donde aparecían las firmas y los nombres de todos los coludidos. Cortés sabía que podría ser contraproducente apresar y procesar a tantos hombres, algunos de ellos muy poderosos, en vísperas del inicio del sitio de Mexihco-Tenochtitlan, tanto a ojos de sus hombres como de los aliados indígenas. Por ello, afirmó frente a la tropa que no había visto ni leído dicho memorial.

A partir de este acontecimiento, se acordó que Don Malinche siempre se hiciera acompañar de una guardia de seis soldados, comandada por Antonio de Quiñones.

ÚLTIMOS PREPARATIVOS

TRAS LA CAMPAÑA PARA DESARTICULAR LAS REDES DE APOYO alrededor de Tenochtitlan —tanto de guerreros como de alimentos—, comenzaron los últimos preparativos para sitiarla.

Los tlaxcaltecas sabían mejor que nadie que iban a librar una batalla determinante: Tenochtitlan tenía que ser arrasada para así evitar cualquier represalia o castigo que los mexicas pudieran conjurar en su contra. Era una batalla a muerte en contra de sus odiados enemigos, donde solamente podían emerger victoriosos. Victoria o muerte. Por eso el apoyo que dieron al sitio fue el más alto hasta el momento: Cortés menciona 50 000 hombres, comandados nuevamente por Xicotencatl el Joven y Chichimecatecuhtli. Este regimiento, recibido con vítores, se presentó portando sus estandartes y sus escudos cubiertos de finas plumas multicolores, con los rostros pintados para la batalla, con los carcajes repletos de flechas, gritando «¡Caxtilan, Caxtilan!», «¡Tlaxcallan, Tlaxcallan!». De acuerdo con Bernal, «venían en gran ordenanza, y todos muy lucidos con grandes divisas, cada capitanía por sí, y sus banderas tendidas, y el ave blanca que tienen por armas que parece águila con sus alas tendidas», refiriéndose a la garza blanca de Tizatlán.

También se sumaron escuadrones de guerreros de Tezcuco, Chalco y otros señoríos cercanos. Para el 28 de abril, los trece bergantines habían sido botados y estaban listos con sus tripulaciones para entrar en combate. Los capitanes fueron Rodríguez de Villafuerte, Juan Jaramillo, Francisco

Verdugo, Rodríguez Magarino, Pedro Barba, Antonio de Carvajal, García Holguín, Cristóbal Flores, Jerónimo Ruiz, Pedro Briones, Rodrigo Morejón de Lobera, Antonio de Sotelo y Juan de Portillo. Cabe mencionar que nadie quería ser remero por lo pesado de esta labor y porque se perderían el rico botín del sitio que estaba por empezar, pues en ningún momento debían abandonar las embarcaciones. Por estas razones, Hernán hizo pesquisas para saber quiénes de sus hombres fueron marineros, o provenían de algún puerto como Moguer, Palos o Triana. A estos hombres los hizo entrar en los bergantines bajo amenazas, a pesar de que algunos de ellos argumentaban que eran hidalgos; no tuvieron más opción que aferrarse a los remos.

Mientras tanto, en la capital mexica, los trabajos de fortificación continuaron, dirigidos por Cuauhtemoc; el Tlahtoani de Tezcuco, Coanacoch, y el gobernante de Tlacopan, Tetlepanquetzal, primo del primero. Para este momento, toda la población masculina se encontraba en pie de guerra, desde los adolescentes hasta los ancianos, todos listos para defender su ciudad y el legado de sus abuelos. Con el paso de los días, las mujeres se integrarían a la defensa. De acuerdo con fray Diego Durán, el dirigente mexica exclamó la siguiente arenga días antes del combate:

> **Valerosos mexicanos, Ya veis como nuestros vasallos todos se han rebelado contra nosotros. Ya tenemos por enemigos no solamente a los tlaxcaltecas, cholultecas, xochimilcas y tepanecas, los cuales nos han desamparado y dejado y se han ido y llegado los españoles, y vienen contra nosotros. Por lo cual os ruego que os acordéis del valeroso corazón y ánimo de los mexicanos chichimecas, nuestros antepasados, que siendo tan poca gente la que en esta tierra aportó, se atreviese a acometer y entrar entre muchos millones de gentes y sujetó con su poderoso brazo todo este nuevo mundo y todas las naciones, no dejando costas ni provincias lejanas, que no corriesen y sujetasen, poniendo su vida, haciendo al tablero, por sólo aumentar y ensalzar su nombre y valor.**

Para este momento, las acciones diplomáticas encabezadas por Cuauhtemoc habían fracasado, ya que los rencores y añejos odios contra los mexicas eran mayores que las promesas de paz y alianza que prometía el tenochca. Aun así, el líder llenó los almacenes imperiales de alimentos hasta el tope, al tiempo que toda la población se volcaba en la fabricación de flechas, dardos, escudos, lanzas y todo tipo de armas, así como en la construcción de muros y barricadas con adobes, piedras y vigas de madera.

La actividad religiosa de la ciudad se intensificó durante esos días previos: los agoreros buscaban una respuesta de los dioses sobre quién saldría victorioso del enfrentamiento, al tiempo que se sacrificaban a los hispanos y sus aliados capturados en el Huey Teocalli de Tenochtitlan, pidiéndole a Huitzilopochtli la victoria total.

Antes de iniciar el sitio, Cortés mandó difundir leyes que se debían respetar, como un intento de transformar a los cientos de expedicionarios, aventureros y oportunistas europeos en un ejército que estuviera sometido a la disciplina dictada por un marco jurídico. Las ordenanzas, de manera resumida, fueron:

1. Ninguna persona fuera osada de blasfemar en contra de Jesucristo, la Virgen, santos o apóstoles.
2. Que ningún soldado tratara mal a los aliados indígenas, quedando prohibido que se les robe sus pertenencias o parte de su botín de guerra.
3. Que ningún soldado abandonara el real, ni de día ni de noche, quedando prohibido que visitaran ciudades o poblaciones de los aliados indígenas, «ni a otra parte a traer de comer, ni otra cualquier cosa, so graves penas».
4. Que todos los hombres portaran las protecciones necesarias para aminorar los daños que sufrirían por parte de los proyectiles.
5. Que nadie apostara las armas o el caballo en cualquier juego de azar.
6. Que los hombres durmieran vestidos para la guerra y con sus armas a la mano, y los jinetes tuvieran ensillados sus caballos en todo momento.
7. Pena de muerte a cualquier soldado que se durmiera durante su turno de vela. Lo mismo le sucederá a quien abandone su puesto o se ausente del real o de su escuadrón sin el permiso o licencia del capitán.
8. Prohibida la deserción: «Que el soldado que deja a su capitán en la guerra o batalla y huye, pena de muerte».

Xicotencatl el Joven se rebela

Cuando todo estaba listo para el sitio, un evento estremeció a los escuadrones tlaxcaltecas: el capitán ocotelulca Chichimecatecuhtli se dio cuenta de que Xicotencatl el Joven no se encontraba con sus guerreros, por lo que de inmediato le avisó a Pedro de Alvarado, quien se lo hizo saber a Cortés.

El extremeño de inmediato consideró la ausencia de Xicotencatl como un acto de deserción, pues descubrió que se dirigía a Tlaxcala. De inmediato, envió en su búsqueda a varios principales que le pidieron que regresara:

> **que Cortés le rogaba que luego se volviese para ir contra sus enemigos mexicanos, y que mire que si su padre Don Lorenzo de Vargas, si no fuera viejo y ciego como estaba, viniera sobre México y que pues toda Tlaxcala fueron y son muy leales servidores de Su Majestad, que no quiera él infamarlos con lo que ahora hace, y le envío a hacer muchos prometimientos y promesas, que le daría oro y mantas por que volviese.**

Xicotencatl no regresó. Cortés, cansado de la actitud rebelde del tlaxcalteca que siempre había conspirado en su contra, decidió mandar a Alonso de Ojeda y Juan Márquez con cuatro jinetes y cinco nobles de Texcoco para que lo localizaran y lo ahorcaran, diciendo: «ya en este cacique no ha enmienda, sino que siempre nos ha de ser traidor y malo y de malos consejos».

A pesar de los ruegos de su cuñado Pedro de Alvarado, quien había tomado como amante a doña Luisa, hermana del fugado, para que le perdonara la vida, Cortés se mantuvo firme en su decisión, por lo que el tlaxcalteca fue ahorcado «en un pueblo sujeto a Tezcuco», del cual no se da el nombre.

Díaz del Castillo registró que Xicotencatl pareció tratar de hacerse con el poder en Tlaxcala para romper la alianza con los españoles e iniciar la guerra contra ellos. Xicotencatl nunca sintió aprecio por Cortés y este tampoco por él, de ahí que cualquier pretexto hubiera bastado para su ejecución. Cervantes de Salazar comparte otra versión, en la cual afirma que Xicotencatl se retiró rumbo a Tlaxcallan para auxiliar a un noble tlaxcalteca de nombre Piltechtl, quien había salido herido en un enfrentamiento contra un par de españoles a causa de una discrepancia. Para evitar que el episodio se conociera por Cortés, Xicotencatl decidió encubrirlo y escoltarlo a Tlaxcallan para que se curara y no se hablara más del altercado. Su muerte entristeció a muchos de los principales tlaxcaltecas. Durante las jornadas más difíciles del sitio, sus guerreros tlaxcaltecas recordarían la advertencia que dijo antes de morir: «que no quedaría ningún tlaxcalteca vivo después del sitio», causando gran temor e incertidumbre.

EL GRAN SITIO A TENOCHTITLAN

Las acciones militares comenzaron el 22 de mayo de 1521.

Al iniciar el sitio, de acuerdo con Díaz del Castillo, Cortés contaba con «ochenta y cuatro de a caballo, seiscientos cincuenta soldados de espada y rodela, y ciento noventa y cuatro ballesteros y escopeteros»: 928 hispanos. Cortés da cifras similares: 86 caballos, 118 ballesteros y arcabuceros, y «setecientos y tantos peones de espada y rodela». El ejército contaba para ese momento con «tres tiros gruesos de hierro, quince tiros pequeños de bronce y diez quintales de pólvora». El número de guerreros aliados varía mucho dependiendo de la fuente: Cortés habla de 65 000 aliados, mientras que Díaz del Castillo de 24 000, distribuidos en tres escuadrones de 8 000.

El plan de Hernán Cortés fue distribuir a su ejército en algunas de las principales calzadas que unían a Tenochtitlan con tierra firme. Cortés era consciente de que tendría que dividir sus fuerzas y acuartelarlas en varios puntos, lo que las dejaría un tanto vulnerables y con menos efectivos como para evitar un ataque por la retaguardia. Pedro de Alvarado ocuparía Tlacopan, seguido de 150 «soldados de espada», 30 jinetes y 18 escopeteros y ballesteros. Al maestre de campo Cristóbal de Olid le dio 30 jinetes, 175 soldados y 20 escopeteros y ballesteros, para que asentara su real en Coyohuacan. Días después, el 31 de mayo, el alguacil mayor, Gonzalo de Sandoval, avanzaría hacia Iztapalapan con 24 jinetes, 14 escopeteros y ballesteros, y 150 soldados rodeleros.

Finalmente, los bergantines zarparían durante la misma jornada, conformada por una tripulación de 300 hombres, dirigidos por el propio Hernán Cortés.

El 22 de mayo Alvarado y Olid marcharon hacia el norte, rodearon el lago de Zumpango y Xaltocan hasta aposentarse en la semidestruida Tlacopan, ciudad que encontraron abandonada. Al siguiente día se dirigieron hacia Chapultepec, con el propósito de romper el acueducto que surtía de agua potable a Mexihco-Tenochtitlan; el acueducto suministraba agua del manantial ubicado al pie de la formación rocosa. Cuauhtemoc había previsto el movimiento, por lo que mandó varios escuadrones mexicas a defender la posición, pero fueron repelidos. Así, la capital perdió su principal fuente de abastecimiento de agua potable.

El 31 de mayo, día de Corpus Christi, Gonzalo de Sandoval, avanzó con su columna hacia Iztapalapan, repeliendo y haciendo que se retiraran varios escuadrones mexicas que defendían la ruta. ¡De acuerdo con Cortés, Sandoval iba acompañado de 35 000 aliados indígenas! Entraron a la ciudad e incendiaron algunas construcciones, al tiempo que los defensores se retiraban hacia los embarcaderos.

Ese mismo día se izaron las velas de los 13 bergantines y se enfilaron en dirección al Peñón Viejo, el cual en aquellos años estaba rodeado de agua, donde se habían concentrado gran cantidad de tenochcas por ser un punto estratégico para las canoas mexicas. Ante el veloz avance de los bergantines, del propio cerro comenzaron a emerger gruesas columnas de humo, avisando a Tenochtitlan que el combate comenzaba. Esto no intimidó a los castellanos, pues de acuerdo con el extremeño, «fue una hermosa victoria»: todos los tenochcas que defendían la posición fueron asesinados; los hispanos solo tuvieron veinticinco heridos. Los hispanos poco tiempo pudieron disfrutar porque, al alcanzar la cima del peñón, se percataron de que alrededor de quinientas canoas de guerra, repletas de combatientes, se dirigían en socorro de Iztapalapan.

Cortés ordenó que sus hombres reembarcaran y continuaran su avance hacia el poniente, para interceptar a la flota mexica. En ese momento, el viento sopló con fuerza, inflando las velas de los bergantines, impulsándolos con gran fuerza contra las frágiles canoas, al tiempo que las piezas de artillería ligera disparaban metralla. En lo más duro del combate, el barco insignia donde iba Cortés encalló, por lo que se dirigieron a él decenas de canoas tenochcas, cuyos guerreros lo abordaron. Un duro combate se trabó en la cubierta del bergantín. Cortés, el carpintero Martín López y otros hispanos resistieron la embestida y despejaron la cubierta de enemigos. Entre gritos de algarabía y alegría, los bergantines persiguieron a las canoas hasta el dique de Nezahualcoyotl, un albarradón cuyo propósito era contener las crecidas de las aguas del lago y así evitar inundaciones en Tenochtitlan. Esta construcción también buscaba contener las aguas de mayor salinidad provenientes de los dos lagos del norte, Xaltocan y Zumpango, para propiciar el mejor desarrollo de los cultivos de las chinampas de la ciudad lacustre. Este dique fue destruido en algunas de sus secciones para permitir el avance de los bergantines hacia la calzada de Iztapalapan.

Posteriormente, la flota se dirigió a Acachinanco, un pequeño islote por donde pasaba la famosa calzada de Iztapalapan y donde había «unas dos torres de sus ídolos, pequeñas, que estaban cercadas con su cerca baja de cal y canto». Hernán Cortés, seguido de 30 hispanos desembarcaron y combatieron «muy reciamente» hasta el anochecer; con el apoyo de otras tripulaciones, ganaron la posición. Durante la noche, escuadrones de mexicas trataron de recuperarla sin éxito.

En ese punto, Cortés establecería el real de Xoloc, su base de operaciones durante el resto del sitio. Como referencia, Acachinanco estaba ubicado en el cruce de las modernas avenidas de Viaducto Miguel Alemán y Tlalpan.

Mientras los combates navales se desarrollaban en las aguas del lago, la columna de Cristóbal de Olid avanzó por la calzada que salía de Coyohuacan y se dirigía a Huitzilopochco (el actual Churubusco), comenzando los combates en el poniente de la cuenca. Por la madrugada del 1 de junio, alcanzaron la posición de Cortés en Xoloc.

Durante esa misma jornada al amanecer, Pedro de Alvarado comenzó las incursiones por la calzada de Nonoalco, tratando de hacerse camino entre los miles de mexicas que bloqueaban su avance, dejando caer sobre él y sus hombres gran cantidad de dardos y flechas, mientras eran acosados desde la laguna por las canoas de guerra.

• Hernando Cortés Ixtlilxochitl •

Frente a los guerreros de Texcoco, estuvo el medio hermano del Tlahtoani Cacama: Ixtlilxochitl, hijo de Nezahualpilli, nieto de Nezahualcoyotl, de alrededor de 24 años. Bautizado como Hernando Cortés Ixtlilxochitl, sus ambiciones eran ser Tlahtoani de Tezcuco remplazando a su hermano, pero sabía que lo primero era acabar con la amenaza mexica.

De acuerdo con el propio Cortés, Ixtlilxochitl era «de edad de veintitrés o veinticuatro años, muy esforzado, amado y temido por todos»; mientras que Motolinía, quien lo conoció, afirma que «era muy esforzado y un poco alocado». Este joven guerrero se había rebelado en 1517 cuando su hermano Cacama fue elegido Tlahtoani de Tezcuco, debido a la influencia de Moctezuma y a que era su sobrino.

Recordemos que el padre de ambos, Nezahualpilli, murió sin designar a un heredero. Se dieron algunos enfrentamientos entre ambas facciones comandadas por los hermanos; sin embargo, Ixtlilxochitl no pudo tomar la capital del señorío, por lo que se retiró al norte de las tierras pertenecientes al señorío Tezcuco, hacia Otumba, Acolman, Aztacamecan y Nopaltepec, donde estableció su gobierno. Finalmente, los dos hermanos pactaron la paz, cada uno gobernando la región que tenía bajo su control.

Cuando Cuauhtemoc se enteró de que el señorío completo de Tezcuco cambió de bando, se entristeció mucho: ahora combatirían contra sus hermanos acolhuas, con quienes habían forjado la Triple Alianza desde 1430, y con los cuales muchos tenochcas mantenían lazos de parentesco.

Se dice que un capitán de Iztapalapan se presentó frente a un triste Cuauhtemoc para prometerle que buscaría al traidor de Ixtlilxochitl para derrotarlo en combate y traerlo a su presencia atado de pies y manos. El combate ocurrió, pero salió victorioso el joven Ixtlilxochitl, quien capturó al guerrero de Iztapalapan, lo quemó vivo y envió el cuerpo calcinado a Cuauhtemoc.

En el frente sur, los mexicas atacaron por la calzada de Iztapalapan, apoyándose en sus canoas. Los bergantines serían de gran utilidad para neutralizar a estas últimas, ya que avanzarían flanqueando los costados de las calzadas, protegiendo a los combatientes que avanzaban por ellas. Durante el combate, cuatro bergantines pudieron superar la calzada de Iztapalapan al cruzar por una de las cortaduras, alcanzando el oeste del lago y ampliando su área de acción más allá del este. Estas embarcaciones apoyaron a la columna de Alvarado embistiendo y hundiendo gran cantidad de canoas enemigas. A través de la calzada de Iztapalapan, la alianza alcanzó las primeras casas del sur de la ciudad lacustre, haciendo que poco a poco se fueran replegando los tenochcas. Las columnas de humo se hicieron presentes cuando comenzaron a incendiar estas primeras construcciones, las milpas y los altos y espigados ahuejotes.

Cuauhtemoc, tripulando una canoa de guerra, estuvo transportándose de un punto al otro de la isla, supervisando las acciones militares y mandando escuadrones de refuerzo a donde fuera necesario; en este caso, la calzada de Iztapalapan. Buscaba desesperadamente frenar el avance aliado, por lo que entraron en acción las sociedades militares de élite, los *cuauhchique* o tonsurados, así como los otomíes, quienes lideraron la resistencia mexica. Cortés estaba satisfecho al ver que sus hombres habían alcanzado los suburbios de Tenochtitlan durante los primeros días de combate; sin embargo, el paso de los días demostró que aún era muy temprano para alegrarse por los resultados obtenidos.

La táctica diaria de los conquistadores durante las primeras semanas del sitio fue iniciar el avance temprano por la mañana, incendiar algunas casas y palacios, combatir sin tregua en contra de los feroces mexicas y retirarse al atardecer hacia Xoloc o Tlacopan. Esto para evitar quedar aislados en medio de la noche en una ciudad hostil. Por la noche, los guerreros mexicas no se retiraban a descansar, sino que, apoyados por mujeres, niños y ancianos, realizaban trabajos de fortificación dentro de la ciudad: cavando zanjas y pozos colocando trampas con estacas, construyendo barricadas y despejando las cortaduras y canales que, por la madrugada, los aliados indígenas de los españoles trataban de cegar con piedras y escombros, los cuales también limpiaban las calzadas para el avance de los caballos.

Mientras los combates continuaban por las calzadas del sur y el oeste de Tenochtitlan, en el norte, por la calzada de Tepeyac, aún no se concretaba el bloqueo, por lo que los tenochcas seguían recibiendo provisiones y posiblemente hasta escuadrones de guerreros. Por esta razón, a Gonzalo de Sandoval, quien estaba herido en un pie por un dardo, se le ordenó abandonar Iztapalapan, rodear los lagos y completar el bloqueo de Mexihco-Tenochtitlan ocupando la población de Tepeyac. Comandó una fuerza de 23 jinetes, 20 ballesteros y arcabuceros, 180 castellanos y decenas de miles de indígenas acolhuas y chalcas. También recibió el apoyo de tres bergantines.

Alrededor del 10 de junio, Cortés decidió realizar un avance coordinado para alcanzar el recinto sagrado de Mexihco-Tenochtitlan, el corazón religioso de la ciudad. Sandoval avanzaría por la calzada de Tepeyac, atravesando la ciudad de Tlatelolco, mientras que Alvarado avanzaría por la calzada de Tlacopan (ninguno de los dos logró abrirse paso); Cortés, en compañía de Cristóbal de Olid, marcharía desde Xoloc, en el sur. Cuauhtemoc, al percatarse de este avance, redistribuyó sus fuerzas para defender lo mejor posible el recinto ceremonial donde se ubicada el Templo Mayor.

Los *huehuemeh* retumbaron con fuerza desde las cimas de los templos de cada barrio, convocando a los guerreros y a la población civil para combatir. Mientras tanto, los castellanos y sus aliados avanzaron por las tres calzadas, acompañados en todo momento por los bergantines, desde los cuales se disparaban sus piezas de artillería, ballestas y arcabuces. Cuando encontraban una cortadura en las calzadas, alguno de los bergantines era usado como pontón para que continuara el avance.

Los tenochcas salieron de la ciudad a enfrentarlos en las calzadas. Pelearon con valentía, recordando el corazón y el ánimo de sus antecesores, quienes conquistaron gran parte de Mesoamérica. Sin embargo, no fue suficiente. Los conquistadores alcanzaron al mediodía el *coatepantli*, «el muro de serpientes»: la plataforma que rodeaba el recinto ceremonial. En su avance, destrozaron las barricadas de adobes y piedras que obstaculizaban el camino, cegaron las acequias y canales de la ciudad.

La lucha se intensificó en el centro de la ciudad. Cada casa, cada chinampa y cada palacio era una fortaleza, desde cuyas azoteas se lanzaban piedras, flechas y dardos. Por esta razón, los indo-hispanos trataron por todos los medios de incendiar las construcciones que flanqueaban las calzadas.

Se combatió por el Huey Teocalli, el cual fue defendido con valor, pero nuevamente sus defensores fueron aniquilados. Los tambores fueron arrojados desde la cima del templo, junto con las esculturas de los dioses. Hernán nos dice:

> **en la torre más principal y alta que tiene ciento y tantas gradas hasta llegar a lo alto, hiciéronse fuertes allí diez o doce indios principales de los de la ciudad, y cuatro o cinco españoles subiéronsela por fuerza; y aunque ellos se defendían bien, se la ganaron y los mataron a todos.**

Por la tarde, los atacantes estaban exhaustos: las mareas de escuadrones mexicas no paraban de acudir en defensa del recinto sagrado. Cortés, consciente de que no podía pasar la noche en el corazón de la ciudad, ordenó la retirada, la cual sería protegida por la caballería.

Pensando que estaban ganando la batalla, los mexicas cargaron con mayor ahínco. La lluvia de proyectiles se intensificó, así como los combates en las calzadas. El choque se transformó en una batalla urbana, entre las chinampas, los templos y los palacios, entre las gruesas humaredas que se elevaban por los cielos, y las llamas que lamían los muros estucados y los bellos murales. Hernán describe un episodio del combate con las siguientes palabras: «De la una parte y de la otra de la calle, había infinitos de ellos peleando con mucho corazón desde las azoteas; y como se llegaron copia de ballesteros y escopeteros y tirábamos con dos tiros por la calle adelante, hacíamosles mucho daño».

El sueño de Cortés de entregar a su monarca en pleno funcionamiento una de las ciudades más hermosas que había construido la humanidad —la «Gran Venecia de las Indias»— se desvaneció. El extremeño entendió que tendría que arrasar, demoler sistemáticamente la ciudad para poder conquistarla, pues cada construcción representaba un reducto de resistencia, por lo que afirmó: «me pesaba en el alma y pensaba qué forma tenía para atemorizarlos de manera que viniesen en conocimiento de su yerro y del daño que podían recibir de nosotros».

Así, con el paso de los días, fue destruido el gran zoológico de Moctezuma, la Casa de las Aves, «el Totocalli». Eso sin mencionar que nuevamente los setenta y ocho templos del recinto ceremonial sufrieron la furia de los tlaxcaltecas, quienes gustosos veían cómo la otrora imponente y maravillosa ciudad de sus enemigos era reducida a escombros.

Algunos días después se presentaron en el real de Xoloc los principales de Xochimilco y Coyohuacan, incluso algunos señores otomíes, para prestar obediencia a Cortés, «rogando que les perdonase su tardanza». Así, el gran miedo de sufrir un ataque por la retaguardia fue disipándose. Cada día que pasaba, más y más señoríos se sumaban a su causa, abandonando a Cuauhtemoc y a los mexicas.

La guerra diurna de degaste y retirada nocturna seguía mientras la labor de demolición de la ciudad continuó de manera de sistemática, participando en ella los peones indígenas, las piezas de artillería y la propia tropa que no perdía la oportunidad de incendiar todo lo que encontraban en su camino.

La tripulación de los bergantines se sumó a la destrucción después de haber acabado con la flota mexica. Aunque su principal objetivo era interceptar cualquier canoa que intentara llevar agua, guerreros o provisiones al interior de la ciudad sitiada.

Cortés, como dice en su *Tercera carta de relación*, envió mensajeros a Cuauhtemoc pidiéndole que detuviera la lucha, pues la muerte de miles de mexicas no cambiaría la victoria hispana. Sus condiciones eran las mismas: admitir la derrota, el vasallaje y abandonar su antigua religión, así como los sacrificios humanos. No hubo respuesta. Sin embargo, existían miembros de la familia reinante tenochca, entre ellos algunos hijos de Moctezuma, como Axayacatl y Xoxopehualoc, que buscaron entablar negociaciones con los hispanos para detener la guerra. Al enterarse de estos intentos, Cuauhtemoc decidió asesinarlos.

En el manuscrito *Anónimo de Tlatelolco* de 1528, se dice que fue entonces cuando las élites comenzaron a matarse entre sí; tal era la desesperación de la situación en la capital. Esta misma fuente nos dice: «cuando Cortés se fue a sitiar a Tetzcuco fue cuando comenzaron a matarse los unos con otros los de Tenochtitlan». Esto deja claro que continuaron las purgas que había iniciado el propio Cuitlahuac desde mediados de 1520, y que había miembros de la nobleza que rechazaban la determinación de Cuauhtemoc de combatir al «invasor» hasta las últimas consecuencias. Las élites sacerdotales estaban dispuestas a defender su religión hasta la muerte, sabiendo que sus rituales, ceremonias y sus dioses serían prohibidos; el poder de Cuauhtemoc estaba respaldado en gran medida por ellos.

Entonces el capitán extremeño ordenó otro ataque coordinado desde las tres calzadas alrededor del 15 de junio, con resultados similares. Después de haber oído misa, la columna que avanzó desde Xoloc, por la calzada de Iztapalapan, alcanzó nuevamente el recinto ceremonial, donde se libraron duros combates en torno del Calmecac, del palacio de Axayacatl y del Cihuacoatl. Como la primera vez, ni la columna de Alvarado ni la de Gonzalo de Sandoval lograron llegar al recinto ceremonial, ya que la resistencia en estas calzadas era más férrea. Continuó la labor de demolición, mientras que las bajas mexicas se iban incrementando con el paso de los días.

Desde ese día, las incursiones de los hispanos hacia el corazón de Tenochtitlan continuaron de manera diaria. Para el 20 de junio, la columna comandada por Cristóbal de Olid y Cortés alcanzaban el recinto ceremonial.

Conforme la ciudad era arrasada y el agua y los alimentos empezaban a escasear, la resistencia mexica comenzaba a debilitarse. Por el contrario, poco a poco el ejército indo-hispano crecía en tamaño, integrando diariamente escuadrones de diferentes señoríos, así como cargamentos de comida. Cada día que pasaba, más y más señoríos se sumaban a su causa, abandonando a Cuauhtemoc y a los mexicas.

Alrededor del 15 de junio, Cortés había distribuido sus bergantines de la siguiente forma: tres para apoyar a Sandoval, tres para Pedro de Alvarado y los restantes siete continuaron en las inmediaciones de Xoloc. Sus tripulaciones también se sumaron a la demolición de la ciudad lacustre: desembarcaban en las orillas de la isla para incendiar construcciones y navegaban a través de los canales y acequias para continuar con su labor destructiva. Su principal objetivo era interceptar cualquier canoa que intentara llevar agua, guerreros o provisiones al interior de la ciudad sitiada. Díaz del Castillo menciona que por las noches gran cantidad de canoas llevaban «mucha agua y bastimentos de los nueve pueblos que estaban poblados en el agua».

También trataron de impedir por todos los medios la pesca tenochca en el lago de Tezcuco; cumpliendo esta tarea, el bergantín más pequeño cayó en una trampa, donde quedó inmovilizado por estacas que los mexicas había clavado en el fondo del lago. Se libró una batalla cuando los mexicas lo abordaron; lo que salvó el día fue la llegada de otros bergantines que apoyaron a los hispanos rodeados y se unieron al combate. A partir de este momento, Cortés decidió retirar al pequeño bergantín «Buscarruido» del servicio.

Durante estos combates destacó un guerrero mexica perteneciente a la sociedad guerrera de los *otontin* u otomíes: Tzilacatzin. En una de las jornadas de combate, dos bergantines llegaron al barrio de Nonoalco y sus tripulantes desembarcaron; ahí los esperaba Tzilacatzin con una partida de guerreros. Él iba armado con tres grandes piedras redondas, «con que se hacen muros, o sea, piedras blanca roca». Las arrojó con gran fuerza contra los hispanos descalabrando a uno. Los hispanos se replegaron hacia sus bergantines, procurando «con esfuerzo ver en qué forma lo mataban, ya fuera con una espalda o ya fuera con un tiro de arcabuz». Durante los siguientes días, Tzilacatzin, consciente de que muchos hispanos buscaban matarlo, se disfrazaba cubriendo su cuerpo y dejando solamente su cabeza descubierta para que sus compañeros de armas lo reconocieran.

Otros dos nombres de guerreros que destacaron durante el sitio de Tenochtitlan fueron los de Tzoyectzin y Temoctzin, quienes a pesar de sus grandes esfuerzos y hazañas no lograron cambiar el destino de la guerra.

Bernal Díaz del Castillo menciona que, por las noches, cuando los hispanos y los aliados indígenas dedicaban algunas horas para descansar, alimentarse y curar sus heridas, un soldado de nombre Juan Catalán santiguaba y embalsamaba las heridas diciendo que Jesucristo «era servido de darnos esfuerzo, además de las muchas mercedes que cada día nos hacía», y al otro día, de manera milagrosa, las heridas sanaban.

LA ÚLTIMA VICTORIA MEXICA

El 23 de junio la columna de Pedro de Alvarado logró un avance importante por la calzada de Tacuba hasta el corazón de Tenochtitlan, destacando los tlaxcaltecas de Chichimecatecuhtli. Al final de la jornada, cuando los españoles y sus aliados estaban por retirarse, cundió el pánico, pues se percataron de que a sus espaldas habían dejado mal rellenada una de las brechas de la calzada.

Los mexicas contratacaron con fuerza y el caos reinó en la retirada del ejército indo-hispano. Muchos tuvieron que arrojarse al agua y cruzar la cortadura nadando, entre ellos el mismo Alvarado, quien narró:

> **estando yo de esa otra parte de la calzada a caballo, viendo el daño que los enemigos hacían en los españoles, yo me eche a nado en el agua con mi caballo e armas, e como vieron los de mi compañía lo que hacía, se echaron a nado tras de mí y socorrimos a los cristianos.**

Durante dicha retirada, una importante cantidad de tlaxcaltecas fue herida y abatida. También fueron capturados vivos cinco desdichados españoles.

Esa misma noche, Hernán Cortés iba a reprender a Alvarado, pero al enterarse de todo el terreno que había ganado antes de ese giro funesto, lo felicitó. Tampoco le reprochó las constantes habladurías que circulaban entre los hispanos: que Alvarado se ausentaba por las noches debido a que pasaba las veladas con sus amantes, o posiblemente con doña Luisa Xicotencatl.

El sitio y el debilitamiento a la capital siguió: los hispanos ganaban y destruían durante el día; los mexicas reconstruían por la noche. Estas palabras del conquistador Andrés de Tapia reflejan la situación:

> **Los puentes o calles de agua que se ganaban un día e las cegaban e dejaban en llamas, otro día los tornaban a hallar ni más ni menos que de pronto estaban aún más fuertes e demás obra, por lo que había necesidad otro día de pelear en lo mismo que había peleado el día antes.**

Esta situación generaba frustración. Cortés veía cómo el cansancio, las heridas y las bajas iban debilitando a su ejército, aunque sus aliados indígenas seguían incrementando. Para los últimos días de junio, los mexicas se habían replegado hacia el norte de Tenochtitlan, hacia la ciudad de Tlatelolco, ocupando solamente una tercera parte del total de la isla. Cuauhtemoc trasladó su cuartel hacia Yacacolco, uno de los barrios de Tlatelolco.

Con el propósito de asestar un golpe definitivo a la resistencia tenochca, y presionado por el tesorero real Julián de Alderete, Cortés elaboró una estrategia para tomar el gran *tianquiztli* de Tlatelolco y mandó mensajeros a Alvarado para comunicársela. Entre el 21 y 24 de junio, Día de San Juan, se envió una robusta columna para reforzar a Gonzalo de Sandoval y a algunos de sus hombres. Esta columna avanzaría desde el poniente hacia el oriente, hacia el gran mercado de Tlatelolco. Hernán Cortés, a través de los mensajeros, les recalcó que no avanzaran sin dejar bien cegadas las brechas y cortaduras que dejaban a su espalda, pues de eso dependía que su retirada fuera en buen orden y sin bajas considerables, como le había ocurrido recientemente a Alvarado.

Para proteger los flancos de su avance, Hernán definió que dentro de la ciudad avanzarían en tres columnas de manera paralela, en dirección sur-norte. La central estaría comandada por el tesorero real Julián de Alderete, compuesta por 70 hispanos y 15 000-20 000 aliados indígenas; la retaguardia estaría protegida por 8 jinetes. Esta avanzaría por la calzada principal hasta el recinto ceremonial (la actual Pino Suárez).

Las otras dos columnas marcharían por «calles que son más angostas y de más calzadas y puentes y calles de agua». La segunda estaría compuesta por 80 hispanos y más de 10 000 indígenas. La tercera columna sería comandada por Cortés y estaría compuesta de 8 jinetes, 100 hispanos, 25 ballesteros y escopeteros, e «infinito número de nuestros amigos» indígenas. Dicho contingente avanzaría por la calle más angosta y tortuosa, protegido a sus espaldas por algunos jinetes y un escuadrón de reserva.

En todo momento estarían acompañados de miles de indígenas que se encargarían de cegar toda cortadura. Tras oír misa, comenzó el despliegue y con relativa facilidad avanzaron las columnas hacia el recinto ceremonial. Cuando entraron a los linderos de Tlatelolco, las tres columnas encontraron una feroz resistencia por parte de los tenochcas y tlatelolcas, quienes lanzaron gran cantidad de dardos y proyectiles desde las azoteas de casas y templos, en su mayoría intactos. Llegaron decenas de canoas por las acequias, flanqueando los hispanos, y desembarcaron cientos de guerreros. Todos los puentes de las acequias fueron retirados, mientras que miles de mexicas esperaban a los hispanos al otro lado de estas cortaduras.

La columna de Cortés logró superar dos puentes y albarradas, mientras que la columna central barría la calzada con pequeños tiros de artillería. Con el intempestivo avance indo-hispano, la lucha cuerpo a cuerpo se generalizó: se combatía sobre las chinampas, se batallaba casa por casa para desalojar a los enemigos, mientras algunos hispanos eran arrastrados a las aguas en un abrazo mortal que buscaba ahogarlos.

Otros combatían contra los mexicas con el agua hasta el pecho, forcejeando, dando tajos con sus aceros. Los mexicas, conscientes de que se librarían combates dentro de las acequias, cavaron hoyos en el lecho de estas y colocaron filosas estacas de madera.

El combate fue tan fiero que por un momento las columnas perdieron el contacto entre ellas. Mientras tanto, Cortés, seguido por una veintena de hombres, alcanzaba una «isleta que ahí se hacía», tratando de tener una visión completa del combate y saber cuánto faltaba para alcanzar el gran mercado. En ese momento, llegó un mensajero de la columna central afirmando que se encontraban cerca del *tianquiztli* de Tlatelolco, y que incluso en la lejanía escuchaba el clamor de la batalla que libraba la columna de Alvarado y Sandoval, la cual avanzaba desde el oeste. Hernán mandó decirles que «de ninguna manera diesen paso adelante sin que primero las puentes quedasen muy bien ciegas».

Aun así, los hombres que formaban su columna no siguieron este consejo en su afán de llegar al mercado de Tlatelolco y obtener una victoria rápida: usaron algunas tablas y cañas de carrizo para superar una cortadura por las que podían cruzar «pocos a pocos y con tiento». En cierto momento, cuando los mexicas contratacaron con fuerza, colapsaron las débiles estructuras cuando retrocedían los hispanos y sus aliados. Entre los tenochcas y tlaltelolcas se escuchó el rugido «¡Mexicanos, ahora es cuando! ¡Guerreros de Tlatelolco, ahora es cuando! ¿Quiénes son esos salvajes? ¡Que se dejen venir acá!». Se trataba del guerrero tlapaneca de la sociedad guerrera otomí, Ecatzin, quien se sumó al combate derribando a un español al que azotó contra el suelo, para después repeler el ataque de un segundo hispano a quien «también lo echó por tierra»; luego lo arrastró con la ayuda de sus compañeros, tomándolo como prisionero. Cortés, quien se había dirigido a esta cortadura, vio frente a sus ojos cómo sus hombres se hundían en el agua de la acequia, y entonces la debacle comenzó.

En un abrir y cerrar de ojos, la acequia se llenó de hombres que combatían por su vida dentro del agua, mientras que cientos quedaban aislados y rodeados al no poder replegarse. Los mexicas intensificaron su ataque cuando el desorden reinó entre los enemigos, quienes se retiraban en una «gran huida». De acuerdo con Cortés, «los enemigos cargaron tanto que en matando los españoles, se echaban al agua tras ellos; y por la calle del agua venían canoas de los enemigos y tomaban vivos a los españoles».

Muchos hispanos y aliados indígenas murieron ahogados. Cortés, quien decidió quedarse a auxiliar a sus hombres, estuvo resguardado por su guardia personal, cuyo líder le dijo: «Vamos de aquí y salvemos vuestra persona, pues sabéis que sin ella ninguno de nosotros puede escapar»; sin embargo, el extremeño siguió combatiendo con el agua hasta el cuello. En la confusión, sus hombres se dispersaron y el propio Cortés hubiera acabado capturado de no haber sido por la valerosa intervención de Cristóbal de Olea, quien mató a varios de sus captores antes de ser abatido. Finalmente, Cortés logró salir de la acequia ayudado por los hombres que quedaban de su guardia, aunque herido en una pierna. Se replegaron a través de la angosta y tortuosa calle.

Hernán logró salvar la vida a Martín Vázquez a pesar de las tres heridas que recibió. Vázquez afirmó años después que «me tuvieron dichos indios así para llevarme a sacrificar, de que Dios milagrosamente me escapó, y la una de ellas me socorrió el dicho capitán Hernando Cortés, tirando de mí de un brazo para sacarme del agua donde estaba».

Ante la imperiosa necesidad de salir de Tlatelolco y Tenochtitlan, lugar que se había convertido en un avispero, los sobrevivientes de la tercera columna enfilaron hacia la calzada de Tlacopan. Las pérdidas de dicha derrota, de acuerdo con Cortés, fueron de «treinta y cinco y cuarenta españoles, y más de mil indios, nuestros amigos, e hirieron más de veinte cristianos, y yo salí herido de una pierna». En el *Códice Florentino*, se dice que «hubo gran cosecha de cautivos, gran cosecha de muertos», mencionando que fueron hechos prisioneros 53 españoles y 4 caballos.

Los días siguientes, los hombres de Sandoval y Alvarado, desde Tlacopan, pudieron escuchar cómo los tambores sonaban jornadas completas, mientras que eran sacrificados sus compañeros en el templo mayor de Tlatelolco.

Como consecuencia de esta derrota, los hispanos permanecieron en sus reales, protegiendo el acceso a estos por medio de los bergantines. Gran parte de los indígenas aliados se esfumaron de sus campamentos, quedó solamente un puñado, principalmente los huexotzincas, los acolhuas de Ixtlilxochitl y los tlaxcaltecas de Chichimecatecuhtli. Tanto el tesorero real Alderete como Hernán Cortés se culparon por la debacle, tomando cada vez más fuerza el primero dentro de la tropa, al tiempo que cumplía con su objetivo de ir minando el liderazgo del segundo.

A su vez, Cuauhtemoc mandó mensajeros a Chalco, Xochimilco, Cuauhnahuac y otros importantes señoríos, pidiendo que abandonaran la alianza con los caxtiltecas, al tiempo que mostraban las cabezas cercenadas de los hispanos. No hubo respuesta. Los caciques de estas ciudades deliberaban internamente sobre cuál sería la mejor decisión, y sin duda llegaron a la conclusión de que el paso de los días les daría la respuesta.

Durante estos días, llegaron al real de Cortés emisarios de Cuauhnahuac, quejándose de los guerreros procedentes de Malinalco que hacían incursiones dentro de su territorio, porque «les hacían mucho daño y les destruían su tierra, y que ahora se juntaban con los de la provincia de

Cuisco». Decidió enviar a Andrés de Tapia con 80 infantes y 10 caballos para contrarrestar los ataques.

Durante diez días se libró una importante batalla y varias escaramuzas, a las cuales se sumaron los tlahuicas de Cuauhnahuac, obligando a los malinalcas a retroceder y refugiarse en su esplendoroso y remoto recinto monolítico, desarticulando su avance y la ayuda que hubieran brindado a Tenochtitlan. Cortés comenta lo siguiente en su *Tercera carta de relación*: «pelearon tan bien los nuestros que desbarataron a los enemigos y en el alcance los siguieron hasta meterlos en Malinalco, que está asentado en un cerro muy alto y donde los de caballo no podían subir».

RECTA FINAL

El sitio a la ciudad lacustre continuó días después de la derrota de Tlatelolco, también llamada «de la Quebrada», con los bergantines dominando las aguas, con las calzadas semidestruidas y bloqueadas por los hispanos. Mientras tanto, en los templos de Tlatelolco, se sacrificaba a la gran cosecha de cautivos, algunos de los cuales iban «llorando, otros van cantando, otros se van dando palmadas en la boca, como es costumbre en la guerra». Estos últimos seguramente fueron los capitanes de guerra aliados de los hispanos.

Ante la pasividad de los hispanos después de su derrota, Chichimecatecuhtli, el capitán tlaxcalteca, decidió hacer una incursión a través de la calzada de Tlacopan, seguido de sus escuadrones. De esta forma, determinó combatir solamente con sus tlaxcaltecas, sin el apoyo de los hispanos ni de otro de los señoríos aliados. Con destacado valor, avanzó por la calzada superando las cortaduras nuevamente e internándose en la ciudad donde se libró un fiero combate. Desde el real de Alvarado, los convalecientes y derrotados hispanos pudieron escuchar cómo los tlaxcaltecas gritaban «¡Tlaxcallan, Tlaxcallan!», mientras se internaban en Tenochtitlan.

En el combate hubo gran mortandad, tanto de los defensores como de los atacantes. Cuando Chichimecatecuhtli y sus guerreros se vieron agotados, y los números de los combatientes enemigos comenzaban a superarlos, decidieron retraerse hacia Tlacopan. Cabe mencionar que el astuto capitán tlaxcalteca, sabiendo que a su espalda había dejado una importante cortadura llena de agua, posicionó un contingente de cuatrocientos arqueros tlaxcaltecas con el objetivo de que protegieran su retirada. Y así aconteció, pues cuando los tlaxcaltecas llegaron a la cortadura, perseguidos por las hordas tenochcas, se lanzaron al agua para sortearla. Entretanto, los arqueros dispararon sus flechas deteniendo el avance enemigo y dándoles el tiempo necesario para retraerse.

El ataque causó un profundo impacto psicológico en los hispanos, el cual los sacó de su letargo para reanudar los ataques y las labores de destrucción de la ciudad.

Con el paso de los días, los contingentes indígenas fueron sumándose nuevamente al sitio, pues se percataron de que, a pesar de la efímera victoria mexica, el curso del sitio no parecía decantarse en contra de los españoles. Poco a poco los reales hispanos fueron colmándose de actividad y de miles y miles de guerreros que iban llegando para reanudar los combates. Hombres de Cholollan, Tezcuco, Xochimilco, Chalco y más señoríos se presentaron. Renovaban el pacto con los hispanos en contra de Tenochtitlan.

Las labores de demolición continuaron de manera sistemática, mientras las incursiones diurnas de los hispanos y sus aliados ya abarcaban toda Mexihco-Tenochtitlan, incluyendo zonas de Tlatelolco. Aunque para este momento, de acuerdo con el erudito Hugh Thomas, ya se habían perdido cinco de los trece bergantines. Con el paso de los días, el panorama para Cuauhtemoc era en verdad desolador ante la ausencia de alimentos, la carestía de dardos y flechas, y sobre todo el agotamiento de sus tenochcas. Las enfermedades intestinales se hicieron presentes porque los defensores se veían forzados a beber las aguas salobres de la laguna, así como a comer raíces, corteza de árboles, «yerbas ásperas», pedazos de barro y cualquier alimaña que encontraran. Eso sin mencionar que la ciudad se encontraba colmada de miles de cadáveres en descomposición.

También las bajas fueron mermando la fuerza defensora, al tiempo que la desesperanza se hacía presente abatiendo a los guerreros, al propio Cuauhtemoc e incluso a los sacerdotes, quienes veían cómo Huitzilopochtli no podía cumplir las promesas de victoria que hacía a través de los adivinos y oráculos de la ciudad en ruinas. Para este momento, el recinto ceremonial y el majestuoso Huey Teocalli se encontraban en ruinas, desolados, rodeados de escombros y de cadáveres. De la otrora impresionante y hermosa ciudad lacustre se elevaban cientos de columnas de humo negro de los incendios que se esparcían por doquier.

Durante esos días, llegó un navío a la Villa Rica de la Vera Cruz que formó parte de la fallida expedición de Juan Ponce de León hacia la Florida, empeñado en encontrar la fuente de la eterna juventud. Este navío renovó la confianza de los hispanos, ya que traía varios pertrechos, entre ellos, pólvora, así como ballestas y sus respectivas piezas de repuesto, como cuerda, nueces y dardos. También se integraron los hombres de dicha expedición, los mismos que habían sobrevivido a los ataques de los semiolas y calusa de la Florida. El capitán de dicha expedición, Juan Ponce de León, no fue tan afortunado, pues murió de una herida de flecha en la pierna, la cual acabó por infectarse y gangrenarse.

Ante la carestía de pólvora que sufrían los españoles, Francisco de Montano, hombre nacido en Ciudad Real que formó parte de la expedición de Narváez, se ofreció a escalar el Popocatépetl y, posteriormente, a descender al cráter a fin de obtener azufre para la elaboración de la pólvora tan necesitada por los arcabuceros y espingarderos. Contamos con la siguiente crónica:

> **Subió con Francisco Mesa a la dicha sierra del volcán con otros dos españoles y vio entrar al dicho Francisco de Mesa estando colgado de una guindalesa, a sacar el dicho azufre dentro de la boca de dicho volcán, [...] dicho azufre redundó mucho provecho a su majestad, por la cantidad de la pólvora que con ella se hizo.**

Ante los nuevos embates de sus enemigos, Cuauhtemoc y otros capitanes de guerra decidieron jugarse una de sus últimas cartas disponibles: vistieron a un valiente guerrero de «oficio tintorero» de nombre Opochtzin con el traje del *quetzaltecolotl*, quien en el pasado había pertenecido al padre de Cuauhtemoc, el Huey Tlahtoani Ahuizotl. Este gobernante alcanzó semejante fama por su valor en el campo de batalla que su traje de guerra, hecho con plumas de quetzal, sería recordado a través de las décadas por sus enemigos como símbolo de destrucción y muerte. La idea era intimidar a los enemigos tlaxcaltecas, huexotzincas y acolhuas, quienes habían escuchado los relatos de sus padres y abuelos.

Y así se lanzó al combate, acompañado de cuatro capitanes, que le sirvieran de resguardo. De acuerdo con las crónicas, cuando lo vieron los enemigos de los mexicas, fue como «si se derrumbara un cerro». Muchos se espantaron y quedaron paralizados por el miedo, principalmente los aliados indígenas de los españoles, mientras que estos últimos no sabían qué sucedía.

El tecolote quetzal combatió con fiereza, haciendo retroceder a sus atacantes. Sin embargo, en algún momento se vio superado, perdiéndose en el fragor del combate. Los informantes de Sahagún describen su final de manera misteriosa, puesto que afirmaron: «No murió él, ni se llevaron (oro y plumas) nuestros enemigos. Y también quedaron prisioneros tres de nuestros enemigos».

La última resistencia

Para mediados de julio, los xochimilcas y la gente de Tláhuac dominaban el lago de Texcoco: sus esfuerzos fueron mucho más eficientes para ese momento que los propios bergantines. Se trataba de miles de canoas que acechaban las orillas de la ciudad-isla, haciendo incursiones tierra adentro para destruir, matar y violar.

Entretanto, cada vez apremiaba a los mexicas la falta de alimentos, y para estas mismas fechas, dejaron de abrir las acequias, cortaduras y brechas de las calzadas y las calles. Durante estas jornadas, algunos emisarios mexicas se presentaron ante los hispanos en medio de los combates suplicando paz. Cortés de inmediato ordenó a sus hombres que detuvieran el ataque y pidió que se presentara Cuauhtemoc.

Los mensajeros dijeron que lo buscarían, pero lo único que sucedió fue que cuando los españoles bajaron las armas y se sentaron a descansar por un momento, aproximadamente durante una hora, fueron sorprendidos por una lluvia de dardos y flechas que los hicieron retroceder momentáneamente. Estas solicitudes de paz en realidad solamente fueron tretas para agarrar desprevenido al enemigo.

Días después los hispanos capturaron a tres principales mexicas, los cuales fueron enviados por parte de Cortés en busca de Cuauhtemoc a fin de terminar con la guerra. El extremeño, quien admiraba el coraje, valor y fortaleza del hijo de Ahuizotl, le mandó decir que se rindiera, que nadie sería ejecutado y que todas las acciones del pasado serían perdonadas. De esta manera, todavía se podían salvar al menos algunas partes de Tenochtitlan y Tlatelolco.

Cuauhtemoc reunió a los miembros de su consejo. De acuerdo con Díaz del Castillo, sus capitanes se mantuvieron firmes, prefiriendo encontrar la muerte florida en batalla que acabar siendo esclavos. Los sacerdotes se mantuvieron inflexibles, guardando la esperanza en las palabras de los agoreros y adivinos, quienes afirmaban que los dioses les otorgarían una gran victoria y que solamente los estaban poniendo a prueba. Así, los combates continuaron, sin que hubiera una respuesta a Cortés.

Durante los días sucesivos, Cortés subió al Huey Teocalli para que lo vieran sus enemigos y desmoralizarlos, mientras que los ataques continuaban con las columnas de españoles y aliados indígenas avanzando hasta los barrios de Tlatelolco. Alrededor del 23 de julio, los españoles realizaron un ataque, provocando que los defensores salieran de sus escondites, para después simular una retirada e inducir el avance mexica hasta el recinto ceremonial. En algún momento salieron de entre las ruinas varios jinetes, quienes lancearon sin piedad a los debilitados defensores. Cortés comentó: «se mataron a más de quinientos, todos los más principales y esforzados y valientes hombres; y aquella noche tuvieron bien que cenar nuestros amigos porque los que se mataron, tomaron y llevaron hechos piezas para comer». Las victorias continuaban conforme la resistencia se iba quebrando. Para el 24 de julio, las columnas que comandaba Alvarado y Sandoval hicieron contacto dentro de la ciudad con las comandadas por Cortés y Alderete. Ese mismo día las fuerzas tlaxcaltecas incendiaron el palacio de Cuauhtemoc.

El 27 de julio una partida de españoles comandados por Francisco Montaño se abrió camino a través de las escalinatas del Templo Mayor de Tlatelolco, hasta alcanzar sus capillas, a las cuales les prendieron fuego, para después colocar un estandarte hispano. Los defensores del *teocalli,* conformados principalmente por sacerdotes, fueron aniquilados. En esa misma jornada, Pedro de Alvarado atacó el *tianquiztli* de Tlatelolco, donde los tenochcas ofrecieron resistencia. La lucha se prolongó hasta la tarde, por lo que los hispanos y sus aliados se retiraron a sus reales, para regresar al otro día con una mayor cantidad de hombres, de modo que el afamado y monumental *tianquiztli* cayó en manos hispanas.

Este hecho supuso una profunda conmoción para los líderes de la resistencia, puesto que perdían la parte central de Tlatelolco, retirándose hacia la zona nororiente de la isla, su último reducto. Para este momento, los tlaxcaltecas destacaron por su salvajismo y odio, ya que masacraban a cualquiera y no hacían distinción entre niños, mujeres o ancianos. Todos eran asesinados y tomados prisioneros para ser enviados a Tlaxcallan. Cortés y los capitanes se hicieron de la vista gorda, permitiendo en sus reales y campamentos actos de antropofagia por parte de sus aliados.

Los tlaxcaltecas y los españoles avanzaron hasta el barrio de Atliyacapan y luego al de Yacalco. Los combates fueron desesperados, porque ahí se encontraba el cuartel general de Cuauhtemoc, quien posiblemente también participó en la primera línea de combate. Con gran esfuerzo fue detenido el avance enemigo. En el combate destacó un guerrero perteneciente a la sociedad militar de los *cuauchic* de nombre Axoquentzin, quien, de acuerdo con los informantes de Sahagún: «acosó a los enemigos, les hizo soltar su presa, los hizo retroceder»; sin embargo, murió momentos después en combate.

Hernán, al enterarse de estos importantes logros, acudió al otro día al recinto ceremonial de Tlatelolco para subir los 114 escalones y observar la situación general de la ciudad y del sitio. En el recinto, Cortés y sus hombres fueron testigos de una tétrica visión, pues «en una de aquellas casas estaban unas vigas puestas en lo alto y en ellas muchas cabezas de nuestros españoles que habían muerto y sacrificado en las batallas pasadas, y tenían los cabellos y las barbas muy crecidas». Para este momento, los defensores ocupaban menos de una octava parte de la isla.

En medio de algún enfrentamiento en Yacacolco, Cortés avanzó hasta la primera línea dispuesto a dialogar con Cuauhtemoc. Algunos principales mexicas le dijeron que los españoles podían matar a su líder usando sus ballestas, a lo que Hernán les ofreció garantías, pero no fueron suficientes para un encuentro porque el hijo de Ahuizotl no se presentó.

Días después, el extremeño les hizo ofrecimientos a los capitanes de guerra mexica, diciéndoles que, si Cuauhtemoc se rendía, seguiría siendo el gobernante de Tenochtitlan y Tlatelolco con la condición de que rindiera vasallaje a la Corona y abrazara la única y verdadera fe. Los capitanes prometieron comunicarle sus palabras y que en tres días le darían la respuesta de su líder. Esta fue una contraofensiva mexica, la cual sorprendió a los hispanos, ya que no podían comprender cómo todavía tenían fuerzas para atacarlos con contundencia.

CAPTURA DE CUAUHTEMOC

Durante los primeros días de agosto, para incrementar la presión sobre los defensores, y a pesar del olor fétido que inundaba el ambiente, proveniente de miles de muertos, los hispanos y sus aliados indígenas se establecieron dentro de las ciudades de Tenochtitlan y Tlatelolco.

Cortés se ubicó en el barrio de Amaxac de Tlatelolco, dentro de la casa en ruinas de un noble local de nombre Atzauatzin. Desde la azotea de dicha construcción, acompañado de sus principales lugartenientes, como Alvarado, Olid, Juan Jaramillo y Sandoval, observó los avances de sus tropas y los barrios de la ciudad donde los mexicas se encontraban fortificados. A falta de pólvora, Cortés accedió a construir una gigantesca catapulta para bombardear a los defensores. Así, el carpintero Diego Hernández puso manos a la obra con la ayuda de varios cientos de indígenas.

En pocos días estuvo terminada ante la mirada curiosa y llena de temor de los mexicas. Para sorpresa del propio Cortés, la catapulta fue todo un fracaso, ya que cuando lanzó la primera piedra, se elevó a una gran altura, en vertical, ante la mirada atónita de los hispanos. Súbitamente, todo mundo se echó a correr cuando se percataron de que la piedra caería a escasos metros de la catapulta. Cortés decidió no volver a usarla.

Los días siguieron su curso y Cortés seguía tratando de negociar la rendición con Cuauhtemoc. Mandó a un cautivo acolhua de origen noble, el cual fue recibido por Cuauhtemoc. El mensaje era el mismo: la rendición incondicional y de esta manera evitar la muerte y el sufrimiento de tantos hombres y mujeres. Se respetaría la vida de todos los militares, así como la de los principales tenochcas, quienes podrían abandonar la ciudad conservando su libertad. A Cuauhtemoc le ofrecía que siguiera gobernando sobre su pueblo. El tenochca rechazó las condiciones y, después de oír el mensaje, el acolhua fue sacrificado.

Los aliados indígenas buscaban sacar el máximo provecho de las privaciones y el agotamiento que habían sufrido durante el sitio, acosando en todo momento a los mexicas y tratando de capturar a la mayor cantidad de cautivos posibles para venderlos en algún mercado y obtener grandes ganancias. También buscaban abatir a los guerreros enemigos para llevarse sus cuerpos y comerlos ritualmente, conservando sus fémures, cráneos o dedos como trofeos de guerra.

Alrededor del 9 de agosto, en medio de un combate, Cortés volvió a solicitar a algunos principales tenochcas que Cuauhtemoc se presentara para consumar la paz y así evitar la masacre. Le contestaron que asistiría al día siguiente, por lo que Cortés decidió colocar un toldo carmesí y un par de sillas sobre un adoratorio. Al otro día, en su lugar, llegaron cinco principales argumentando que Cuauhtemoc se encontraba enfermo y que no había garantías para su seguridad si se presentaba. Cortés nuevamente ofreció respetar su vida y su libertad, puesto que no sería hecho prisionero.

Durante la entrevista, les ofreció a los embajadores tenochcas alimentos y agua fresca, tratando de disipar las dudas y temores que albergaba Cuauhtemoc sobre su seguridad. Al día siguiente, se volvieron a presentar los nobles tenochcas afirmando que el líder de la resistencia se presentaría la jornada siguiente en el *tianquiztli* de Tlatelolco para dialogar. Cortés estuvo esperándolo por más de 4 horas, pero Cuauhtemoc nunca llegó; furioso, ordenó que se atacara a los mexicas nuevamente. La embestida fue terrible, pues para este momento los tenochcas y tlatelolcas se encontraban completamente abatidos, sin alimento, sin fuerzas y muchos de ellos enfermos: el ataque fue devastador. Detrás de los caballos y yeguas que dirigió Pedro de Alvarado, avanzaron los tlaxcaltecas de Chichimecatecuhtli, matando a diestra y siniestra, sin tentarse el corazón, así como capturando a gran cantidad de mujeres y niños. De acuerdo con el propio extremeño, en el ataque mencionado, sus hombres y los aliados capturaron y mataron a 40 000 personas, abultada cifra que es difícil de creer.

Durante los días de agosto, los hispanos abandonaban por las noches la ciudad lacustre, no por miedo a quedar rodeados y aislados dentro de la capital, en medio de las enfermedades de los defensores, ya que seguían bebiendo agua salobre y turbia que extraían de pozos improvisados. Pronto llegaron las lluvias, mermando la sed que sufrían los sitiados, quienes colocaron jarrones, braseros, sahumadores y lo que tuvieran a la mano para hacer acopio del preciado líquido.

El último presagio

Llegó el 12 de agosto sin que las negociaciones de paz pudieran fructificar; sin embargo, en dicha jornada ocurrió algo que fue tomado como un portento nefasto por los mexicas: apareció un remolino «que se movía haciendo girar, andaba haciendo espirales [...], era como si un tubo de metal estuviera al fuego». El fenómeno fue interpretado por los sacerdotes mexicas como el signo del abandono de los dioses. Para Cuauhtemoc, la derrota fue evidente desde hace semanas. Los posibles auxilios que podían llegar, procedentes de Malinalco, Tula y de la región matlazinca, no habían fructificado. Incluso los agoreros se percataron de que Huitzilopochtli no intervendría para cambiar el resultado del sitio, como lo había prometido.

El tiempo de la hegemonía mexica llegaba a su final.

La tradición popular afirma que ese día Cuauhtemoc dio un último discurso para los tenochcas y tlatelolcas que seguían en pie de resistencia:

> **Nuestro sol se ocultó. Nuestro sol desapareció su rostro. Y en completa obscuridad nos ha dejado. Pero sabemos que otra vez volverá. Que otra vez saldrá. Y nuevamente nos alumbrará. Pero mientras allá esté, y en la mansión del silencio permanezca. Muy prontamente reunámonos y estrechémonos. Y en el centro de nuestro ser ocultemos. Todo lo que nuestro corazón ama. Y que sabemos que es un gran tesoro. Destruyamos nuestro recinto al principio creador. Nuestras escuelas, nuestros campos de pelota. Nuestros recintos para la juventud, nuestras casas para el canto y el juego. Que nuestros caminos queden abandonados. Y nuestros hogares**

> **nos resguarden. Hasta cuando salga nuestro sol. Los papacitos y mamacitas. Que nunca olviden guiar a sus jóvenes. Y hacer saber a sus hijos mientras vivan. Cuán bueno ha sido. Hasta ahora nuestra amada tierra, Anáhuac. Al amparo y protección de nuestro destino. Y por nuestro gran respeto y buen comportamiento. Confirmados por nuestros antepasados. Y que nuestros papacitos muy animosamente. Sembraron en nuestro ser. Ahora nosotros les encargaremos a nuestros hijos. Que no olviden informar a sus hijos. Cuán bueno será, cómo se levantará. Y alcanzará fuerza. Y cuán bien realizará su gran destino. Esta nuestra amada tierra Anáhuac.**

Cuauhtemoc no tenía la intención de rendirse, sino de escapar de la ciudad lacustre para continuar con la resistencia, tal vez en Tula o en alguna de las provincias que habían sido conquistadas por la Triple Alianza.

Para este tenochca no existía la opción de seguir vivo después de ser derrotado o apresado. De hecho, la muerte en batalla o en sacrificio era para él como un gran honor y un camino para llegar al Tonatiuh Ichan, la Casa del Sol, el espacio más sagrado, donde guerreros y madres que morían al dar a luz residían. En dicho lugar se encontraría con su padre Ahuizotl y sus ancestros.

Para este momento, como se ha dicho, todos los tenochcas y tlatelolcas se encontraban acinados en menos de una octava parte de la isla. Era tan estrecho el espacio y tantas las personas que lo ocupaban que algunos de los hombres se pasaron varios días dentro de la laguna y las acequias, con el agua hasta la cintura. Todos se encontraban aletargados, abatidos y tratando de procesar el fin de una era, el colapso del mundo como lo conocían.

Al amanecer del 13, día de San Hipólito, Cuauhtemoc se embarcó en una canoa acompañado del gobernante de Tlacopan Tetlepanquetzal y de otros principales. Retumbó la explosión de una lombarda, señal acordada para iniciar el avance. Los tlaxcaltecas encabezaron las columnas de ataque, seguidos por los rodeleros y jinetes. La consigna que les había dado Cortés a sus hombres era la de capturar a los líderes de la resistencia.

Con facilidad, los hispanos y sus aliados sortearon las últimas cortaduras con escasa resistencia por parte de los defensores, mientras que los bergantines y las canoas de los indígenas aliados se aproximaron al último bastión de resistencia mexica. Se trataba del asalto final contra los tenochas y tlatelolcas.

La multitud comenzó a agitarse, entre gritos y llantos, tratando de refugiarse en alguna construcción. Mientras tanto, los guerreros agotados tomaban el arco y la flecha, la honda y el chimalli para tratar de cortar el avance enemigo y proteger a niños, mujeres y ancianos. Muchos mexicas decidieron abordar sus canoas, principalmente los nobles y sacerdotes, ya que conocían el plan de su líder: escapar para continuar con la resistencia. En algunas de estas canoas iba el envoltorio sagrado, *tlaquimilolli*, que contenía las reliquias sagradas de Huitzilopochtli, las cuales no fueron localizadas por los hispanos; fueron buscadas con esmero por los frailes franciscanos y el propio Juan de Zumárraga años después.

Decenas de canoas salían de la isla buscando refugio en tierra firme. Comenzó la persecución hasta que varias de las canoas fueron embestidas y cañoneadas por los bergantines. Los tripulantes de una de ellas alzaron los brazos rindiéndose: ahí iba Cuauhtemoc. El bergantín capitaneado por García Holguín realizó la captura del hijo de Ahuizotl, quien de inmediato fue llevado ante la presencia de Cortés.

El bergantín fue interceptado por otro tripulado por Gonzalo de Sandoval, el superior de Holguín, quien le ordenó que le entregara al prisionero; sin embargo, este último se negó. Ante a la presencia de Cortés, Cuauhtemoc dijo las siguientes palabras:

> **Ya yo he hecho todo mi poder para defender mi reino y librarlo de vuestras manos; y pues no ha sido mi fortuna favorable, quitadme la vida, que será muy justo y con esto acabaréis con el reino mexicano, pues a mi ciudad y vasallos los tenéis destruidos y muertos.**

Otra crónica menciona que Cuauhtemoc le pidió al extremeño que sacara su puñal y lo matara con él, ya que para el noble tenochca era mejor la muerte que vivir deshonrado y derrotado, como el prisionero de Don Malinche.

Cortés lo abrazó y le dedicó palabras amables elogiando su valor y tesón en la defensa de los suyos. Le afirmó que se encontraba seguro y que su vida, así como la de otros principales, sería respetada. Cuauhtemoc sería el gobernante de la «República de Indios» de Tlatelolco hasta 1524.

Cuauhtemoc fue ejecutado en 1525 por órdenes de Cortés durante la fatídica expedición a las Hibueras con el propósito de castigar a su lugarteniente, Cristóbal de Olid, quien se había alzado en su contra en el actual territorio de Honduras.

El último Huey Tlahtoani fue colgado de una ceiba junto con el otrora gobernante de Tlacopan, Tetlepanquetzal, posiblemente en lo que actualmente es la zona arqueológica del Tigre, llamada Itzamkanac durante su ocupación, en la antigua provincia de Acalan (en el actual municipio de Candelaria en Campeche). Se le acusó de tramar una conjura durante esta expedición para asesinar a Hernán y a sus hispanos.

Aquellos mexicas que vieron la captura de Cuauhtemoc dijeron: «¡Ya va el príncipe más joven, Cuauhtemotzin, ya va a entregarse a los españoles! ¡Ya va a entregarse a los dioses!». Y aunque la matanza continuó por varias horas más, la realidad es que la guerra terminó con la captura del hijo de Ahuizotl.

Muchos tenochcas huyeron usando sus canoas, otros atravesaron la calzada de Tepeyac. Los tlatelolcas huyeron por el rumbo de Nonoalco, debajo de la lluvia que caía sobre sus cabezas. Las lombardas quedaron mudas, y fueron remplazadas por el rugir del trueno que hizo patente la miseria de los derrotados.

Por la noche terminó la masacre, y los hispanos permitieron que los sobrevivientes salieran de la ciudad a través de las calzadas de Iztapalapan, Tenayocan, Tlacopan y Tepeyac, formando largas filas de hombres y mujeres que parecían espectros vivientes. Muchos iban enfermos, otros se desangraban debido a las heridas; todos famélicos, dejando atrás no solamente sus pertenencias y los cuerpos de sus seres queridos, sino también el esplendor y la grandeza de Mexihco-Tenochtitlan.

Muchas mujeres se untaron lodo en la cara y se vistieron con los peores harapos que pudieron encontrar, esto para no llamar la atención de los españoles y tlaxcaltecas que tomaban para sí mismos a las más hermosas mexicas. Los hispanos enfundaron sus espadas y misericordias mientras tapaban sus narices con pañuelos debido al terrible hedor a muerte y a putrefacción que flotaba sobre la ciudad en ruinas. De acuerdo con los informantes de Sahagún, Cuauhtemoc tuvo como compañeros en su prisión al señor de Tlacopan, Tetlepanquetzal, y también al hijo de Nezahualpilli, Coanacoch, así como a muchos miembros de la resistencia mexica.

Algunos de los hispanos presentes, y también los mexicas, comentaron años después que esa lluviosa noche escucharon a lo lejos una voz femenina que gritaba «¡Ay, hijitos míos! ¡Ay, hijitos míos! ¿Y ahora adónde os llevaré?».

Así terminó la grandeza de Mexihco-Tenochtitlan.

Y el Quinto Sol, *Nahui Ollin*, se ocultó antes de tiempo.

LÍNEA DE TIEMPO

1485. Nace Hernán Cortés en Medellín, España.

1492. 12 de octubre. Cristóbal Colón llega a las Antillas a la isla de Guanahaní.

1502. Es entronizado Moctezuma Xocoyotzin como Huey Tlahtoani de Mexihco-Tenochtitlan, remplazando a su tío Ahuizotl.

1511, 15 de marzo. Naufraga la embarcación que se dirigía a isla La Española desde el Darién, donde iban Gonzalo Guerrero y Gerónimo de Aguilar. Pasarían 8 años entre los mayas hasta volver a tener contacto con un europeo.

1517

8 de febrero. Leva anclas la expedición de Francisco Hernández de Córdoba. Navega por el litoral de Yucatán y Campeche.

5 de abril. La flota de Hernández de Córdoba sufre una derrota en Champotón, la bahía de la «Mala Pelea». Diezmados, se dirigen a Florida y posteriormente deciden regresar a Cuba.

1518

18 de abril. Zarpa de Cuba la expedición de Juan de Grijalva.

24 de junio. La expedición de Grijalva llega a los arenales de Chalchihuecan en el Día de San Juan Bautista, los cuales están ubicados frente a la isla de San Juan de Ulúa.

23 de octubre. Hernán Cortés es seleccionado para dirigir la tercera expedición que explorará el territorio ubicado al suroeste de Cuba.

1519

10 de febrero. Levan anclas las once embarcaciones de la expedición comandada por el extremeño Hernán Cortés.

17 de febrero. Los navíos de la expedición llegan a Cozumel.

15 de marzo. Se da la batalla de Centla entre hispanos y mayas chontales, en el territorio del actual estado de Tabasco.

21 de abril. La expedición de Cortés llega a los arenales de Chalchihuecan, ubicados cerca del actual Puerto de Veracruz.

Inicios de mayo. Fundación de la Villa Rica de la Vera Cruz en los arenales de Chalchihuecan. Cortés es nombrado capitán por los miembros del ayuntamiento de la incipiente población.

1-3 de junio. Cortés y los miembros de su expedición se dirigen hacia Cempoallan y posteriormente a Quiahuiztlan. Logran forjar una alianza con los cempoaltecas y con su cacique.

16 de agosto. Los hispanos comienzan el avance tierra adentro, después de cuatro meses de su arribo a los arenales de Chalchihuecan. Van acompañados de sus aliados cempoaltecas.

17 de agosto. Alcanzan el *altepetl* de Xallapan, la actual Xalapa-Enríquez ubicada en Veracruz.

28 de agosto. Entrada de los hispanos y sus aliados cempoaltecas al territorio de Tlaxcallan. Comienzan los combates en contra de los tlaxcaltecas y sus aliados otomíes.

23 de septiembre. Entra el ejército indo-hispano a las cabeceras de Tlaxcallan, puntualmente a Tizatlán, después de haber concretado la paz y una alianza militar.

11 de octubre. Salida de los hispanos de Tlaxcallan. Van acompañados de varios contingentes de guerreros y cargadores tlaxcaltecas.

12 de octubre. Llegada a Cholollan.

16-18 de octubre. Matanza de Chololan.

1 de noviembre. Salida de Chololan rumbo a Tenochtitlan.

8 de noviembre. Encuentro entre Moctezuma y Hernán Cortés. Los hispanos y sus aliados hacen su entrada en Mexihco-Tenochtitlan.

1520

Primera semana de mayo. Llega una flota, compuesta por 18 navíos y 1 800 hispanos, comandada por Pánfilo de Narváez, a los arenales de Chalchihuecan.

10 de mayo. Hernán Cortés y sus hombres de confianza salen de Tenochtitlan rumbo a la costa para eliminar la amenaza que representa Pánfilo de Narváez.

22-23 de mayo. La Matanza de Toxcatl o Templo Mayor. Pedro de Alvarado ataca a la nobleza tenochca durante las festividades dedicadas a la deidad Tezcatlipoca. La guerra entre hispanos y mexicas comienza.

27 de mayo. Es derrotado Pánfilo de Narváez en la ciudad de Cempoala. Sus hombres se suman al grupo comandado por Cortés. Después de esta importante victoria, el extremeño emprende el regreso a Tenochtitlan.

24 de junio. Cortés y sus hispanos e indígenas aliados entran a Tenochtitlan. Nadie sale a recibirlos. Se alojan en el palacio de Axayacatl, donde se guarnecía Alvarado.

28 de junio. Una columna compuesta de quinientos cincuenta hombres y mujeres, entre ellos cincuenta hispanos, es emboscada por guerreros acolhuas procedentes de Sultepec, tributario de Tezcuco. La mayoría de los españoles son hechos prisioneros.

29-30 de junio. Fallece, o es asesinado, el Huey Tlahtoani Moctezuma Xocoyotzin. Los tenochcas elegirán como su sucesor a Cuitlahuac, su hermano.

30 de junio. La Noche Triste. Durante su retirada de Tenochtitlan, Cortés, sus hispanos y aliados indígenas son atacados por las huestes mexicas, propinándole una gran derrota. Pierde a más de la mitad de sus españoles.

7 de julio. Se da la batalla de Otumba, donde los hispanos logran derrotar a los aliados mexicas y continuar su retirada a Tlaxcallan. Otra posibilidad es que la batalla se haya realizado el 8 de julio.

8 de julio. Los sobrevivientes de la columna indo-hispana entran al territorio controlado por los tlaxcaltecas, Hueyotlipan. Alrededor del 12 de julio entran a Tlaxcallan.

Inicio de agosto. Campaña punitiva en contra de Tepeaca.

30 de octubre. Hernán Cortés termina su *Segunda carta de relación* destinada para el monarca español.

De octubre a diciembre. La epidemia de *huey zahuatl*, viruela, arrasa con poblaciones y ciudades enteras, causando una importante mortandad entre los indígenas. Entre los muertos se encuentra Maxixcatzin y el propio Cuitlahuac, quien muere a finales de noviembre o inicios de diciembre. Los tenochcas elegirán como sucesor al hijo de Ahuizotl, el joven Cuauhtemoc.

22 de diciembre. Cortés manda pregonar sus Ordenanzas militares en Tlaxcallan con el propósito de mantener el orden y disciplina dentro de su ejército.

26 de diciembre. Cortés y su ejército parten de Tlaxcallan rumbo a Tezcuco. Inician las operaciones en la cuenca de México contra Mexihco-Tenochtitlan.

31 de diciembre. El ejército indo-hispano toma Tezcuco. Desde esta posición continúan los preparativos para el asedio a Tenochtitlan.

1521

Mediados de enero. Dan inicio las hostilidades en la batalla por Iztapalapan. Los combates duran varios días.

Última semana de febrero. Los trece bergantines son trasladados a Tezcuco en partes.

Inicios de marzo. Llega a las costas del Totonacapan el primer franciscano que pisa estas tierras, Pedro Melgarejo de Urrea y el tesorero real Julián Alderete.

5 de abril. Comienza la campaña contra algunos bastiones aliados de los tenochcas en el actual territorio del estado de Morelos. Es derrotada Cuauhnahuac, la actual Cuernavaca, por los hispanos y sus aliados indígenas. A mediados de abril, el ejército indo-hispano es derrotado en Xochimilco.

28 de abril. Son botados los bergantines sobre las aguas del lago de Tezcuco, listos para formar parte del sitio anfibio sobre la capital tenochca.

10-12 de mayo. Es ejecutado el capitán tlaxcalteca Xicotencatl, el joven, por órdenes de Hernán Cortés.

10-13 de mayo. Las tropas se encuentran listas para comenzar el asedio a la capital tenochca. La implementación del asedio está por comenzar.

22 de mayo. Parten de Tezcuco las columnas dirigidas por Pedro de Alvarado y por Cristóbal de Olid, el primero rumbo a Tlacopan y el segundo rumbo a Coyohuacan. El 31 de mayo parte la tercera columna dirigida por Gonzalo de Sandoval para atacar Iztapalapan.

30-31 de mayo. Inicia el asedio a Mexihco-Tenochtitlan. De acuerdo con Hernán Cortés, el asedio a Mexihco-Tenochtitlan duró setenta y cinco días.

30 de junio. La última victoria mexica, la batalla de la Quebrada, en Tlatelolco. Más de cincuenta hispanos son capturados vivos y sacrificados.

13 de agosto. Es capturado Cuauhtemoc y el Tlahtoani de Tlacopan, Tetlepanquetzal. Este evento marca la derrota completa de los mexicas y el final del asedio a Tenochtitlan.

1525

Febrero. Por orden de Cortés, Cuauhtemoc es ejecutado en la población de Acalan o Itzamkanac, actualmente municipio de Candelaria, Campeche. También es colgado Tetlepanquetzal, quien fue gobernante de Tlacopan.

1535

14 de noviembre. Entra a la Ciudad de México el primer virrey de la Nueva España, Antonio de Mendoza. Gobernaría hasta el 25 de noviembre de 1550.

1547

2 de diciembre. Muere Hernán Cortés en Castilleja de la Cuesta, España, a la edad de sesenta y dos años.

REFERENCIAS

Mares de tinta y papel se han utilizado en la narración de uno de los pasajes históricos más relevantes y leídos de estas tierras, la Conquista y la Caída de Tenochtitlan. A pesar de la gran cantidad de libros escritos, cabe recordar que los sucesos narrados en este libro sucedieron hace más de 500 años y muchas de las fuentes primarias se concibieron para cumplir un propósito.

Por ejemplo, las *Cartas de relación,* de Cortés, buscaban informar al monarca español de sus proezas, para que el extremeño pudiera conseguir diversos beneficios, o «mercedes», como un título de nobleza, tierras y riquezas.

Por otro lado, la *Historia verdadera de la conquista de la Nueva España,* escrita por el soldado y cronista Bernal Díaz del Castillo, buscó darles protagonismo a los miembros de la expedición dirigida por Cortés: los cientos de hombres que combatieron en primera línea, haciendo patente que sin su esfuerzo nada hubiera podido lograr Hernán. Eso sin mencionar que buscó refutar la obra de Francisco López de Gómara, capellán de Cortés, titulada *Historia de la conquista de México*, pues dicho hispano no fue un testigo directo de estos hechos de armas, es más, ni siquiera puso un pie en estas tierras; de acuerdo con Bernal, su escrito estaba lleno de imprecisiones y mentiras.

De esta forma podemos afirmar que muchas de estas fuentes primarias están sesgadas y no son objetivas, por lo que existen variaciones en las fechas, en los números de los ejércitos, incluso en los nombres de algunos de los protagonistas de la Conquista y Caída de Tenochtitlan.

Otro ejemplo que nos remite a esta falta de objetividad son los escritores regionales de la segunda mitad del siglo XVI e inicios del siglo XVII, muchos de los cuales fueron descendientes de las familias gobernantes o nobles de los poderosos señoríos indígenas. Como Fernando de Alva Ixtlixochitl, quien enaltece en gran medida a los miembros de la casa gobernante acolhua, de Tezcuco, así como a su ancestro, el rebelde Ixtlilxochitl, quien apoyó a Hernán Cortés contra los mexicas.

Es importante mencionar cómo algunas fuentes del siglo XVI difieren en pasajes relevantes de la Conquista, como la muerte de Motecuhzoma. Bernal Díaz y Cortés mencionan que murió a causa de las heridas de las piedras que le arrojó su propio pueblo, mientras que existen otros cronistas como fray Diego Durán, quien nos dice que existió evidencia para afirmar que el Huey Tlahtoani tenochca fue asesinado por los propios españoles. Asimismo, difieren en la duración del asedio a Tenochtitlan: Bernal comenta que duró noventa y tres días, mientras Cortés menciona que fueron setenta y cinco días.

Quizá existieron detalles que nunca sabremos con fidelidad objetiva.

A lo largo de 500 años, escritores y cronistas han ido reescribiendo este pasaje histórico que conocemos como la Conquista de Tenochtitlan, presentando ligeras o abismales diferencias en cada uno de estos relatos. Lector, espero que hayas disfrutado mi crónica del encuentro de dos mundos, de la grandeza y la caída de Mexihco-Tenochtitlan.

Fuentes primarias

Alva Ixtlilxóchitl, Fernando de, *Historia de la nación chichimeca,* colección Crónicas de América, Dastin, Madrid, 2002.

Alvarado Tezozómoc, Hernando de, *Crónica mexicana,* colección Crónicas de América, Dastin, Madrid 2001.

Benavente (Motolinía), Toribio de, *Historia de los indios de la Nueva España,* Porrúa, Ciudad de México, 2001.

Casas, Bartolomé de las, *Los indios de México y Nueva España*, Porrúa, Ciudad de México, 1990.

Chimalpahin Cuauhtlehuanitzin, Domingo, *Las ocho relaciones y memorial de Colhuacan,* CONACULTA, Ciudad de México, 1998.

Colección de Mendoza o Códice Mendocino. Documento mexicano del siglo XVI que se conserva en la Biblioteca Bodleiana de Oxford, Inglaterra, edición facsímil fototípico dispuesto por Don Francisco del Paso y Troncoso, Librería Innovación S. A., Ciudad de México, 1980.

Cortés, Hernán, *Cartas de relación*, Porrúa, Ciudad de México, 1992.

Díaz del Castillo, Bernal, *Historia verdadera de la conquista de la Nueva España*, Trillas, Ciudad de México, 2017.

Durán, Diego, *Historia de las Indias de Nueva España e islas de Tierra Firme*, 2 vols., Porrúa, Ciudad de México, 2006.

Landa, Diego de, *Relación de las cosas de Yucatán*, Porrúa, Ciudad de México, 1986.

López de Gómara, Francisco, *Historia general de las Indias,* Porrúa, Ciudad de México, 2006.

Muñoz Camargo, Diego, *Historia de Tlaxcala,* colección Crónicas de América, Promolibro, Madrid, 2003.

Sahagún, Bernardino de, *Historia general de las cosas de Nueva España*, Porrúa, Ciudad de México, 2006.

Torquemada, Juan de, *Monarquía indiana*, UNAM, Ciudad de México, 1964.

Textos auxiliares

Barjau, Luis, *Náufragos españoles en tierra maya. Reconstrucción del inicio de la invasión*, FCE, Ciudad de México, 2021.

_____, *Voluntad e infortunio en la Conquista de México,* Ediciones El Tucán de Virginia e INAH, Ciudad de México, 2015.

Brito Guadarrama, Baltazar *et al., El Lienzo de Tlaxcala,* FCE e INAH, Ciudad de México, 2021.

Carrasco, Pedro, *Estructura político-territorial del Imperio tenochca,* colección Fideicomiso Historia de las Américas, FCE y El Colegio de México, Ciudad de México, 1996

Clavijero, Francisco Javier, *Historia antigua de México,* Porrúa, Ciudad de México, 2021.

Fernández Álvarez, Manuel, *Carlos V. Un hombre para Europa,* Austral, Madrid, 2010.

Graulich, Michel, *Moctezuma. Apogeo y caída del Imperio azteca,* Era, Ciudad de México, 2014.

Hassig, Ross, *Aztec Warfare,* Oklahoma University Press, Norman, 2020.

_____, *Trade, Tribute and Transportation,* Oklahoma University Press, Norman, 1985.

Lira González, Andrés (comp.), *Tlatelolco a través de los tiempos,* Colegio de México, Academia Mexicana de la Historia y el Colegio Nacional, Ciudad de México, 2018.

Martínez Vargas, Enrique *et al., Zultépec-Tecoaque. Una nueva página histórica de la conquista de México,* Gobierno de Tlaxcala e INAH, Ciudad de México, 2016.

Martínez, José Luis, *Hernán Cortés,* colección de Breviarios, FCE, Ciudad de México, 2017.

Matos Moctezuma, Eduardo, *Tenochtitlan,* colección Fideicomiso Historia de las Américas, serie Ciudades, FCE y El Colegio de México, Ciudad de México, 2011.

Miralles, Juan, *Hernán Cortés. Inventor de México*, Maxi Tusquets, Ciudad de México, 2009.

Montell, Jaime, *La caída de México-Tenochtitlan*, Planeta, Ciudad de México, 2003.

Mundy, Barbara E., *La muerte de Tenochtitlan, la vida de México,* Grano de Sal, Ciudad de México, 2018.

Nigel, Davies, *El Imperio azteca,* colección México Antiguo, Alianza, Ciudad de México, 1992.

Restall, Matthew, *Cuando Moctezuma conoció a Cortés,* Taurus, Ciudad de México, 2019.

Thomas, Hugh, *El Imperio español de Carlos V,* Crítica, Madrid, 2013.

_____, *La Conquista de México,* Planeta, Ciudad de México, 2011.

Townsend, Camilla, *El Quinto Sol,* Grano de Sal, Ciudad de México, 2021.

_______, *Malintzin. Una mujer indígena en la Conquista de México,* Era, Ciudad de México, 2015.

Turner, Guillermo, *Los soldados de la Conquista: herencias culturales,* Ediciones El Tucán de Virginia e INAH, Ciudad de México, 2013.